Marco Mezzadri   Paolo E.

Rete! 1

Corso multimediale d'italiano per stranieri

[libro di casa]

Guerra Edizioni

www.rete.co.it

Autori
Marco Mezzadri, Paolo E. Balboni.
Hanno curato le sezioni di Fonologia *Marco Cassandro*
e di Civiltà *Giovanna Pelizza.*

Le sezioni di valutazione e autovalutazione
sono a cura di *Mario Cardona.*

Progetto grafico
Keen s.r.l.
Silvia Bistacchia.

Copertina
Keen s.r.l.
Hibiki Sawada.

Impaginazione
Keen s.r.l.
Silvia Bistacchia, Andrea Bruni.

Ricerca iconografica
Keen s.r.l.
Nicola Vergoni.

Disegni
Francesca Manfredi.

Fotografie
Foto Quattro s.r.l. - Perugia.

Stampa
Guerra guru s.r.l. - Perugia.

In collaborazione con: *Èulogos*®

I edizione
© **Copyright 2000 Guerra Edizioni - Perugia**

ISBN 88-7715-443-8

18.   17.   16.   15.
2009   2008   2007

Guerra Edizioni
via Aldo Manna, 25 - Perugia (Italia) - tel. +39 075 5289090 - fax +39 075 5288244
e-mail: geinfo@guerra-edizioni.com - www.guerra-edizioni.com

ascoltare

 1 Ascolta e scrivi le parole.

1 ....
2 ....
3 ....
4 ....
5 ....
6 ....

2 Ascolta e rispondi alle domande con i tuoi dati.

funzioni

1 Completa il dialogo.

1 - ....?
  - Salwa Salih.

2 - ....?
  - S.a.l.w.a.

3 - ....?
  - Sono palestinese.

4 - ....?
  - Sì, vivo in Toscana.

5 - ....?
  - Sì, all'Università di Firenze.

6 - ....
  - Prego, arrivederci.

scrivere

1 Scrivi tre frasi su di te.

....
....
....
....
....
....
....

2 Riscrivi il dialogo in registro formale.

a	- Ciao.	....
b	- Ciao, Giovanni.	....
a	- Questo è Graham Ford.	....
b	- Piacere. Scusa come ti chiami?	....
c	- Graham Ford.	....
b	- Come si scrive il nome?	....
c	- G.r.a.h.a.m.	....
b	- Graham, è un po' complicato!	....
c	- E tu come ti chiami?	....
b	- Paolo Sarti. Sei inglese?	....
c	- No, irlandese.	....
b	- Studi in Italia o sei qui per turismo?	....
c	- Sono qui per lavoro.	....
b	- Bene, forse ci vediamo in città. Ciao!	....

lessico

1 Dividi le parole del riquadro in tre gruppi.

brasiliano, ciao, chiamarsi, tedesco, essere, italiano, buongiorno, francese, studiare, arrivederci

.........brasiliano.........

2 Riordina le lettere per formare delle parole.

1 EMON ....

2 EMOC ....

3 ENEB ....

4 DEMONAD ....

5 ESENIGL ....

6 REIAPEC ....

7 RIUTMOS ....

fonologia ▶ • I suoni delle vocali • L'accento nelle parole (vocale tonica)

1 Ascolta le parole e scrivile nella colonna corretta.

/i/	/e/	/ɛ/	/a/	/ɔ/	/o/	/u/
libri						gnu
	perché				pollo	
			dalla			

2 Hai già ascoltato queste parole nell'Unità 1. Prova a sottolineare la vocale tonica.

1 piac<u>e</u>re **2** argentina **3** scusa **4** giapponese **5** università

6 turismo **7** passeggeri **8** Giacomo **9** città **10** telefono

3 Ascolta le parole dell'attività precedente e controlla la posizione dell'accento tonico.

civiltà ▶

1 Quali posti sono in Italia?

□ □ □ □ □ □ □

grammatica

✏ **1 Rispondi alle domande.**

1 - Scusa, tu sei russa? - No, ..*sono*..... spagnol.*a*.

2 - Sam è francese? - No, ... american....

3 - Fu è giapponese? - No, ... cines....

4 - Sei italiano? - No, ... portoghes....

✏ **2 Fa' delle domande formali, usa la forma *lei*.**

1 - Scusi,........*lei è francese*...............................? - No, sono tedesco.

2 - ....? - Hans, mi chiamo Hans.

3 - ....? - Sì, italiano, francese e studio anche inglese.

4 - ....? - Sono di Berlino.

✏ **3 Trasforma le domande formali in informali, usa la forma tu.**

1 Scusa,........*tu sei francese*..........................? - No, sono tedesco.

2 ....? - Hans, mi chiamo Hans.

3 ....? - Sì, l'italiano, il francese e studio anche l'inglese.

4 ....? - Sono di Berlino.

✏ **4 E per finire... gioca!**

Metti questi aggettivi di nazionalità con l'aiuto dei disegni:

americano
brasiliano
cinese
francese
giapponese
inglese
irlandese
italiano
palestinese
portoghese
spagnolo
tedesco

ascoltare

 1 Guarda i dati di Roberta.

Curriculum Vitae

Nome: Roberta **Cognome:** Sanders.
Età: 22
Nazionalità: svizzera
Stato civile: sposata con Alfredo Filippello.

Professione: impiegata presso la ditta Pirelli a Milano.
Indirizzo: Via Righi 2. San Donato Milanese.
Numero di telefono: 02 94536926.

 2 Ascolta e rispondi alle domande con i dati di Roberta.

 3 Ascolta e controlla le tue risposte.

leggere

 1 Leggi gli annunci e decidi quale appartamento va bene per Maria Caballero, la studentessa argentina.

1 Affitto appartamento a studenti stranieri. Solo ragazzi. Costo 125 euro al mese. Telefonare al numero 0338 3451984

2 Camera doppia per due ragazze. Dal lunedì al venerdì. Costo interessante. Scrivere a casella postale 129 00182 Roma

3 Stanza singola in appartamento con 3 studentesse. Solo ragazze. 135 euro al mese. Telefonare ora di cena a Sig.ra Paola: 06 3428575.

lessico

 1 Metti il nome del paese e della capitale.

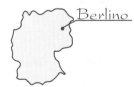
Berlino
Germania

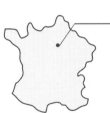

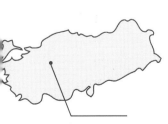

2 Fa' delle frasi con i paesi e le città dell'esercizio 1.

1 .....Berlino è in Germania.....................................

2 ....

3 ....

4 ....

5 ....

6 ....

7 ....

8 ....

fonologia

• **I suoni** /p/ Na**p**oli e /b/ a**b**itare   • Contrasto tra intonazione interrogativa (ascendente)
e intonazione affermativa/negativa (discendente).

1 Ascolta le coppie di parole e ripetile. Fa' attenzione: le parole con * (asterisco) non esistono.

*barola parola	bello *pello	*biccolo piccolo	settembre *settempre
*rabido rapido	risposta *risbosta	Praga *braga	arabo *arapo
Umbria *umpria	brutto *prutto	*puono buono	ombrello *omprello

2 Ascolta le parole e scrivile nella colonna corretta.

/p/	/b/
napoletano	

3 Leggi a voce alta le parole che hai scritto.

**4 Ascolta le frasi e fa' attenzione all'intonazione. Se ti sembra che l'intonazione sia ascendente
metti un punto interrogativo (?) alla fine della frase. Se ti sembra discendente metti un punto
esclamativo (!) .**

a   Di dove sei ..?..

b   Sei italiana .....

c   Non lo sa .....

d   Vieni domani .....

e   Oggi non vai a scuola .....

f   Dove abiti tu .....

g   Non ti piace .....

h   Non lo sai .....

i   Tu sei di Roma .....

l   Non hai capito .....

Di dove sei?

5 Leggi a voce alta le frasi dell'esercizio precedente.

civiltà

NORD:
Piemonte,
Valle d'Aosta,
Liguria,
Lombardia,
Trentino-Alto Adige,
Friuli-Venezia Giulia,
Veneto, Emilia-Romagna.
CENTRO:
Toscana,
Lazio,
Umbria,
Marche.
SUD (MEZZOGIORNO):
Abruzzo,
Molise,
Campania,
Basilicata,
Puglia,
Calabria,
Sicilia,
Sardegna.

1 Nell'esercizio 11 libro di classe hai visto le regioni italiane e i suoi capoluoghi ricordi:

a Quante regioni ci sono in Italia?
b Collega ai numeri sulla cartina i nomi delle regioni qui elencati.
c Ricordi anche i principali capoluoghi di regione? Inserisci i nomi sulla cartina.

> *Capoluogo:*
> *la città più importante*
> *di una regione*

grammatica

1 Metti le frasi al plurale.

1 Io sono spagnola. ...*Noi siamo spagnole*...

2 Tom è di Londra. Jim e Tom ....

3 Tu sei bella. Tu e Lucia ....

4 All'aeroporto c'è un ristorante. .... cinque ....

2 Trova l'errore.

1 Un casa bella. ...*Una casa bella*...

2 Un ristorante italiane. ....

3 Una ragazza portoghesa. ....

4 Uno gelato grande. ....

5 Un'carta di credito americana. ....

6 Un amico tedesca. ....

3 Ordina in gruppi le parole.

| mangiare e bere | città | aggettivi | altro |

banca   pizza   carta di credito   francobollo
cartolina bello   aeroporto   stazione ferroviaria   vino
gelato ristorante   nuovo   vecchio   brutto   biglietto del treno

4 Indica il plurale dei nomi.

SINGOLARE	PLURALE
Francobollo	francobolli
Biglietto del treno	
Gelato	
Vino	
Ristorante	
Aeroporto	
Banca	
Stazione ferroviaria	
Carta di credito	
Cartolina	
Pizza	

5 Indica il singolare e il plurale degli aggettivi.

SINGOLARE		PLURALE	
Nuovo	nuova		
Vecchio			
Bello			
Brutto			

6 Rendi più formali le domande.

1 Quanti anni hai? .... Quanti anni ha? ....

2 Di dove sei? ....

3 Come ti chiami? ....

4 Dove abiti? ....

5 Perché sei in Italia? ....

leggere

1 Leggi le offerte di lavoro e rispondi alle domande.

Per un nostro importante cliente leader internazionale nel settore dei servizi on-line cerchiamo responsabile sistemi informatici.
Richiediamo: laurea, esperienza minima 3 anni per sistemi Unix e Windows NT, una buona conoscenza dei protocolli di TCP/IP e di reti LAN e WAN. Conoscenza dell'inglese e di un'altra lingua straniera (francese, spagnolo o tedesco). Età minima 30 anni.
Offriamo: stipendio molto interessante, lavoro di responsabilità, possibilità di carriera in Italia e all'estero.
Inviare CV via fax: 024562233 o E-mail: staff@zani.it

Cerchiamo per Scarpa&Co., ditta con sede a Firenze, rappresentante di prodotti di moda made in Italy.
La persona ideale ha tra i 30 e i 40 anni, è residente in Toscana e ama viaggiare in Italia e all'estero. Può vivere all'estero per almeno 4 mesi all'anno, parla l'inglese e il francese, ha minimo 5 anni di esperienza nel settore.
La ditta offre: stipendio interessante e possibilità di carriera. Lavoro a tempo indeterminato.
Inviare CV a **Agenzia Job+**: C.P. 546, Siena.

Siamo una ditta di importazione di prodotti per la casa, leader nel settore.
Cerchiamo: 2 impiegate per la nostra sede di Roma, con perfetta conoscenza dell'inglese e di programmi informatici per la gestione dell'ufficio.
Offriamo: contratto per 2 anni e stipendio secondo le capacità.
Telefonare: 067834209 - **Casamia import-export**.

Hai tra i 20 e i 30 anni? Ami viaggiare?
Sei un tipo sportivo? Ami la gente?
Vuoi imparare una lingua straniera?
I villaggi vacanze La spiaggia dorata Cercano 10 giovani (maschi e femmine)
per la stagione turistica da aprile a ottobre.
Offrono stipendio di 1000 USD al mese, camera singola e pasti nei ristoranti dei villaggi.
Per la selezione presentarsi il 2 febbraio alle ore 9 presso l'**Hotel Moderno** in Viale Trastevere, 343 a Roma.

1 Che tipo di lavoro è?
2 Com'è lo stipendio?
3 Quanto dura il lavoro?
4 Quali caratteristiche richiedono?
5 Come si chiama la ditta?
6 Qual è il numero di telefono?
7 Dov'è la ditta?

lessico

1 Abbina le figure ai nomi dei lavori.

carabiniere
meccanico
insegnante
barbiere
contadino
cameriere

 1 ....
 2 ....
 3 ....
 4 ....
 5 ....
 6 ....

 **2 Trova i lavori.**

```
A  M  S  K  B  C  L  O  M  A  B  T  R  H  H  I  C  Q  H
B  U  A  S  A  L  I  N  G  A  E  R  C  I  I  M  I  G  I
A  Y  A  R  I  C  A  S  M  I  V  A  R  A  Z  P  S  A  A
I  T  O  B  C  O  M  M  E  S  S  A  V  L  L  I  H  P  P
S  R  E  U  S  T  E  G  C  L  I  B  D  L  L  E  L  X  U
C  E  A  O  O  T  I  L  C  A  S  A  L  I  N  G  A  A  P
F  G  R  N  A  M  E  R  A  J  U  D  I  F  F  A  F  F  T
U  I  E  A  A  A  P  I  N  C  E  M  U  R  A  T  O  R  E
C  O  N  S  I  C  O  M  I  D  R  M  I  U  U  O  R  E  S
E  R  N  E  M  E  D  I  C  O  E  B  V  O  R  U  U  U  I
U  N  O  R  T  L  Z  Z  O  D  G  N  O  T  L  O  V  P  O
P  A  C  A  T  L  R  A  O  I  A  N  O  U  Q  U  T  T  M
N  L  O  S  I  A  I  L  E  R  E  R  N  O  S  T  E  K  F
C  A  M  E  R  I  E  R  E  I  O  Z  U  S  C  X  O  S  I
A  I  T  P  T  O  H  U  A  D  F  Z  B  L  N  E  R  I  C
G  O  Q  F  B  V  I  I  C  F  G  W  M  K  P  D  T  O  A
```

 3 Trova la definizione giusta.

1 Titolo di studio   a Uomo che ha una moglie
2 Stato civile   b Laurea, diploma
3 Patente   c Lingue che si parlano fuori dal tuo paese
4 Lingue straniere   d Documento che serve per guidare l'automobile
5 Sposato   e Significa: Sposato? Non sposato?

ascoltare

 1 Dettato. Ascolta e scrivi ciò che senti.

Direttore: ....

Sandro: ....

Direttore: ....

Direttore: ....

Sandro: ....

Direttore: ....

Sandro: ....

Direttore: ....

Sandro: ....

Direttore: ....

Sandro: ....

Direttore: ....

Sandro: ....

Direttore: ....

Sandro: ....

fonologia

• **I suoni** /k/ che; /g/ prego; /tʃ/ francese; /dʒ/ giorno.

1 Ascolta le parole e scrivile nella colonna corretta.

/k/	/g/
perché	
	impiegato

/tʃ/	/dʒ/
centro	
	giornalaio

2 Leggi a voce alta le parole dell'attività precedente.

3 Caccia all'errore. In ognuna di queste frasi c'è un errore, prova a individuarlo.

1 Tu come ti ciami?

2 Ascolta il dialogho.

3 Io lavoro in uffichio.

4 Io faccio il chameriere.

5 Mi piace leggere il ghiornale.

grammatica

1 Da' il nome alle figure.
Usa l'articolo determinativo.

1 .... *il bambino* ....
2 ....
3 ....
4 ....
5 ....
6 ....
7 ....
8 ....
9 ....
10 ....
11 ....
12 ....

1 2 3 4

5 6 7 8

9 10 11 12

2 Una delle parole che hai appena scritto non ha trovato posto nello schema. Quale?

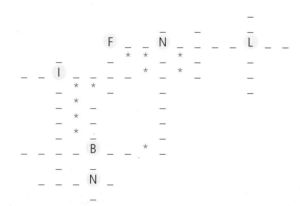

3 Forma delle frasi.

L' | ha | casa | hanno | di Sandro? | secondo
anni | Via Palermo | una | anni | nuova
quanti | amica | a | tedesca
dove | abitano | Sara e Silvia? | ha | me | 25 | Napoli
in

4 Metti la preposizione.

1 Abito …a… Genova.

2 Il mio ufficio è ……. Via L. Da Vinci, 3.

3 Alberto è in vacanza …….Portogallo, ……. Lisbona.

4 Sono ……. casa in vacanza ……. 4 giorni.

5 ……. Piazza di Spagna ……. Roma c'è un piccolo bar molto carino.

6 Karl ha un nuovo lavoro ……. Pakistan ……. due anni.

5 Metti il verbo.

1 Mia moglie ed io ....*amiamo*......... molto viaggiare.

2 Klaus .... il muratore, ... case.

3 (Io) .... spesso la musica, quando .... a casa.

4 Laura .... molto: libri, giornali, ecc.

5 .... inglese? No, ma vogliamo fare un corso all'università per quattro mesi.

6 Il macellaio .... la carne.

6 Correggi gli errori.

1 Sappi lo spagnolo? No, ma so il francese.

..........*sai*..

2 Carlo faccio il meccanico.

....

3 In Italia ci è molte città.

....

4 Havete il libro di storia? No, non sapiamo dov'è.

....

5 Inge e Peter siamo tedeschi.

....

6 Giovanni e Sandra partiscono per la Sicilia domani.

....

civiltà

**1 Nell'attività 1 della civiltà del libro di classe hai incontrato delle persone.
Dove lavorano secondo te?**

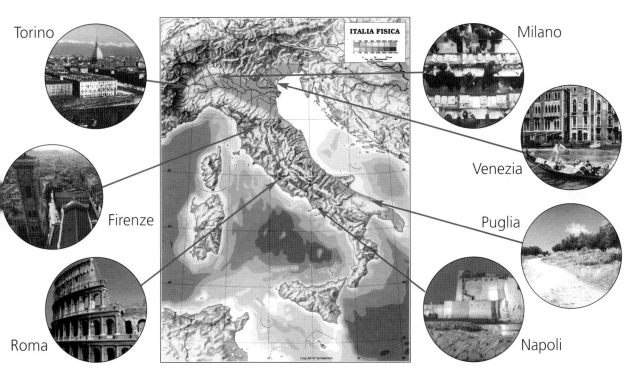

Torino — Milano — Venezia — Firenze — Puglia — Roma — Napoli

ITALIA FISICA

ascoltare

1 Ascolta la descrizione delle persone e completa la tabella.

unità 4
la famiglia

	Nome	Relazione	Lavoro	Età
1		*padre*		
2				
3				
4				
5				

lessico

1 Completa l'albero genealogico di Silvia con le parole del riquadro.

Silvia

nonna, nonno, zio, zia, fratello, sorella, padre, madre, marito, figlio, figlia, genitori

2 Scrivi le operazioni in lettere.

1 3 x 2 = 6 .....tre per due uguale sei...............................

2 62 - 45 = 17 ....

3 7 x 8 = 56 ....

4 34 + 60 = 94 ....

5 15 x 4 = 60 ....

6 72 : 8 = 9 ....

= uguale,
- meno,
+ più,
x per,
: diviso.

3 Elimina la parola che non va bene.

1 Andare, ristorante, cinema, teatro.
2 Casa, scuola, penna, studente.
3 Zio, moglie, città, matita.
4 Bello, certamente, alto, suo.
5 Faccio, so, ho, vai.
6 Infermiere, impiegato, medico, malato.

funzioni

1 Fa' delle domande ai genitori di Sandro.

1 - .....Come vi chiamate?.................................
- Carlo e Giuseppina.

2 - ....
- A Perugia, in Via Imbriani 8.

3 - ....
- Io 53 e mia moglie 49.

4 - ....
- Io faccio l'operaio e lei è segretaria.

5 - ....
- Due, un figlio e una figlia.

2 Completa il dialogo.

- ....
- Pronto, sono Pierre.

- ....
- Come stai?

- ....
- Anch'io sto bene. Cosa fai in questo periodo?

- ....
- Russo? Ma è molto difficile! Io lavoro in un supermercato tre giorni alla settimana e continuo a studiare all'università. Cosa fai questa sera?

- ....
- Come scusa, puoi ripetere?

- ....
- Ah, perché non andiamo al cinema uno di questi giorni?

- ....
- Bene, ti telefono domani allora! Ciao e grazie.

- ....

grammatica

 1 Inserisci l'articolo determinativo dove necessario.

Mia famiglia è molto numerosa. Ho due fratelli e una sorella. Sono tutti sposati e hanno figli. Mia madre è in pensione e passa suo tempo con Alice, figlia di mio fratello Giovanni. Alice è una bambina molto carina, sempre felice: ha solo un anno e mezzo. Da quando c'è lei vita della famiglia è diversa: è molto più bello andare a mangiare insieme in una pizzeria o andare a cena a casa di mia madre.

 2 Forma delle frasi mettendo un verbo dal riquadro.

1 Di/dove/casa/Franco e Luisa/la?
.....Dov'è la casa di Franco e Luisa?.....................................

2 Passarmi/per/acqua/favore/l'?
....

3 Michela/molto/inglese/non/bene.
....

4 Stasera/moglie/mangiare/pizza/una/con/a/mia.
....

5 Voi/a lavorare/in macchina/in/o/treno?
....

6 Tuo/medico/padre/il?
....

essere, sapere, potere, andare, fare, andare

scrivere

 1 Scrivi sul tuo quaderno alcune frasi sulla tua famiglia.

fonologia

• **I suoni** /m/ *m*edico; /n/ u*n*

1 Ascolta le parole e scrivile nella colonna corretta.

/m/	/n/
ambasciatore	

 2 Leggi a voce alta le parole che hai scritto.

civiltà

1 Genitori e figli. Ascolta i commenti sotto le foto e abbina i genitori ai ragazzi.

(c)

Mio figlio Giacomo è impossibile, non so più cosa fare con lui! Da quando ho divorziato da mio marito, 5 anni fa, parla poco, sta chiuso nella sua stanza ad ascoltare quella maledetta musica….
Non vuole vedere suo padre, ma a 20 anni c'è bisogno di una figura paterna! Frequenta l'università, ma non dà esami…,

(1) #14

Vivo con mio padre, la sua nuova moglie, il mio nuovo fratellino, Lorenzo. Mi piace abbastanza la scuola, ma la musica è troppo forte! Sì, ho un ragazzo da due anni, mio padre non lo sa, mi confido più volentieri con la mamma, la vado a trovare quasi ogni giorno. Angela è simpatica, anche se non è mia madre, siamo abbastanza amiche e Lorenzo è una peste ma gli voglio bene…

(b)

Mia figlia ha diciotto anni e frequenta l'ultimo anno del Liceo Scientifico. A scuola va abbastanza bene ma il suo vero hobby è l'aerobica. Forse ha un ragazzo ma non sono sicuro, non c'è molto dialogo tra noi.
No, non sente la mancanza di sua madre, comunque la vede spesso, quasi ogni giorno. Va abbastanza d'accordo con il suo nuovo fratellino che ha cinque anni e il rapporto con Angela, mia moglie, è abbastanza buono.

(3)

I miei genitori sono OK, mia madre lavora tanto e non è quasi mai in casa, mio padre invece lavora spesso a casa. Così sono obbligato ad andare dagli amici per essere più libero e fare con loro quello che mi pare, i genitori bisogna prenderli a piccole dosi. Con mio padre comunque va abbastanza bene, la domenica andiamo insieme allo stadio, io tifo Juventus, lui Inter, facciamo certe litigate!! Detto tra noi, lui non capisce nulla di calcio!

(2)

Vivo con mia madre che da quando si è separata da mio padre è diventata isterica e nevrotica, capisco, ma non è colpa mia. Sono iscritto all'università ma non do esami, non mi interessa. Voglio fare il disk-jokey, solo la musica mi interessa veramente. Mio padre non lo vedo quasi mai, non sa nulla di me, non capirebbe la mia passione per la musica…

(a)

Nostro figlio si chiama Matteo e ha 12 anni. Matteo vive un periodo difficile e io e mio marito cerchiamo di stargli vicino, ma non è sempre facile, a questa età sono più importanti gli amici, il calcio, la musica…. Io lavoro in un'azienda di import-export e sono fuori casa quasi tutto il giorno, per fortuna mio marito è giornalista e spesso lavora a casa, così può seguire Matteo: vanno insieme allo stadio quasi ogni domenica, così io mi posso dedicare alle mie letture preferite…

lessico

 1 Completa lo schema con le parole del riquadro.
Poi sul tuo quaderno disegna altri tre schemi uguali.
Al centro in uno scrivi PARTI DELLA STANZA,
nell'altro ELETTRODOMESTICI e nell'ultimo ALTRO.

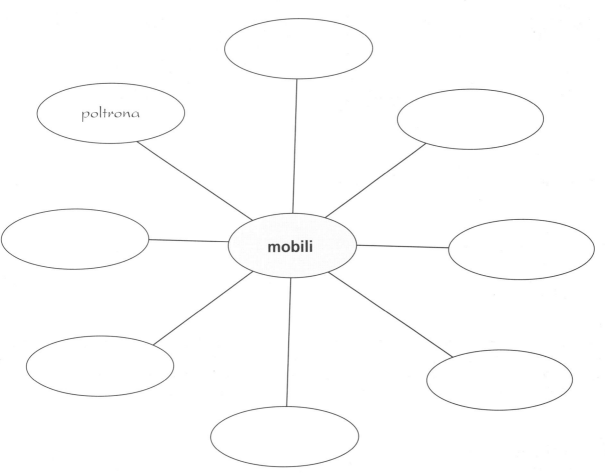

parete, camera da letto, televisione, poltrona, quadro, letto, divano, sedia, cucina, tetto, libreria, porta, bidè, specchio, radio, armadio, lampadario, water, soggiorno, bagno, doccia, stereo, frigorifero, tavolo, videoregistratore, finestra, soffitto, cucina, pavimento, lavandino, forno

2 Trovate l'oggetto.

1 Si trova nel bagno.	B........................	(4 lettere)
2 C'è in tutte le case.	P........................	(5)
3 Grazie a lei ascolto musica.	R........................	(5)
4 La Gioconda di Leonardo.	Q........................	(6)
5 Ci sono molti libri.	L........................	(8)
6 Si trova in cucina.	F........................	(5)
7 Con le sedie è importante per mangiare.	T........................	(6)
8 La mia è molto comoda per guardare la televisione.	P........................	(8)

leggere

1 Leggi le descrizioni delle case e abbinale alle foto.

a
b
c
d

1 | Questa è la mia nuova casa. Bella vero? Ci sono due camere da letto, un bagno, una cucina e un soggiorno molto grande. La parte che preferisco è però il balcone: quando c'è bel tempo ci passo molte ore. In città non è facile trovare un posto tranquillo, ma qui al sesto piano è possibile.

2 | I miei nonni hanno una piccola casa indipendente dove i miei fratelli ed io andiamo spesso. Soprattutto per Natale e in altre occasioni è bello stare insieme a casa loro. E poi mia nonna è una cuoca bravissima. L'unico problema è che è difficile trovare un posto per l'auto.

3 | Vacanze!! Finalmente adesso ho un appartamento dove andare ogni settimana. È a 100 chilometri da casa, un'ora di macchina. È piccolo ma per un paio di giorni la settimana va bene. C'è solo una camera da letto, una cucina e un bagno... ma è a cinque minuti dalla spiaggia!

4 | Qui è dove mio padre è nato. È un posto tranquillo vicino alla città. È una casa grandissima: non so quante stanze ci sono e poi c'è la stalla per gli animali e molte altre cose. I miei figli si divertono moltissimo quando ci andiamo. È la libertà totale in mezzo alla natura.

scrivere

✎ 1 Presti la tua casa a un amico e gli scrivi per raccontargli com'è.

ascoltare

🎧 1 Ascolta la descrizione della stanza preferita di Fabrizia. Di che stanza si tratta?

🎧 2 Ascolta nuovamente la descrizione, poi scrivi le differenze che senti rispetto alla figura.

....
....
....
....
....
....
....
....
....

grammatica

✎ 1 Quale preposizione va con questi nomi?
Metti la preposizione articolata. A volte è possibile usare più preposizioni con lo stesso nome, ma pensa a esempi chiari.

DI	A	IN	SU
del pavimento			sul pavimento

stanza, macellaio, ingresso, soffitto, letto, amico, pavimento, psicologo, sedia, fratello, marito

🖊 **2 Fa' 10 frasi usando i nomi della tabella e le preposizioni.**

Esempio: Il pavimento dell'ingresso è marrone ....

1 ....

2 ....

3 ....

4 ....

5 ....

6 ....

7 ....

8 ....

9 ....

10 ....

🖊 **3 Completa con le preposizioni (articolate e non).**

1 ...Nel..... mio bagno c'è un lavandino molto grande.

2 ....A...... Madrid, capitale ....di..... Spagna la vita è molto allegra.

3 ...In.... centro ....a..... Londra il traffico è insopportabile.

4 C'è un gatto ..sulla..finestra.

5 .....Di.... che colore è la macchina ...di..... Franz?

6 Davanti .....al..... porta ci sono alcune sedie e un tavolo.

7 Stasera vado ....al...... ristorante ..con.... i miei amici.

8 Vicino .....al.... ufficio postale c'è un negozio ....di.... video.

🖊 **4 Completa le frasi con un verbo del riquadro.**

1 Da dove ....vengono................ Zeliko e Gordana?

2 Come si .... penna in tedesco?

3 Quanti anni ......hanno................ i tuoi genitori?

4 Secondo te chi .... la partita stasera?

5 Dove ......andate.............. in vacanza tu e la tua ragazza?

6 Scusate, ... ripetere per favore?

7 Vieni con me al bar, ti .... un caffè!

8 A che ora .... di studiare i tuoi compagni?

9 Cosa ....leggi..............? Andate a pagina 3, c'è un articolo interessante.

10 Giovanni, ... dove abita la Prof. Alberti?

11 Cosa ....fai...................... questa sera? Perché non andiamo al cinema?

12 .... anche tu questa musica?

---

finire, venire, dire, vincere, leggere, andare, sapere, avere, fare, offrire, sentire, potere

5 Correggi gli errori. C'è al massimo un errore per frase e riguardano tutti le preposizioni.

1 Studio portoghese tra settembre.   *Studio portoghese da settembre*

2 Peter viene di New York.

3 Il mio compleanno è agosto.

4 Franco e Lucia sono da Venezia.

5 Ancona è nell'Italia.

6 I libri sono su il tavolo.

7 Questa è l'amica della mia madre.

8 Il ristorante è in sinistra della stazione.

9 Nella mia camera c'è uno specchio davanti del letto.

10 A chi è questa casa?

11 Le scuole finiscono nel 13 giugno.

---

fonologia   • **I suoni** /t/ **t**empo; /d/ nor**d**   • Intonazione negativa e affermativa (II)

1 Leggi le parole. Nelle frasi che ascolterai sono contenute queste parole. Scrivi il numero della frase in cui è pronunciata ogni parola.

toro `4`   autore `6`   dato `3`   modo `5`   dadi `8`   d'oro `1`   odore `7`   moto `2`

2 Leggi a voce alta le parole dell'attività precedente.

3 Ora ascolta questa conversazione telefonica e fa' attenzione all'intonazione.

A Pronto?

...

A No! Non è qui!

...

A Guardi ha sbagliato numero!

...

A Sì! Fa niente!

...

A Non si preoccupi! Arrivederci!

4 Ripeti le frasi dell'attività precedente a voce alta. Fa' attenzione all'intonazione.

civiltà

 1 Stai cercando una casa o un appartamento da affittare, con alcuni amici, per le prossime vacanze in Italia. Leggi gli annunci che seguono, scegli la soluzione che preferisci, poi scrivi agli amici per informarli della tua proposta. Inizia così:

> *Carissimi,*
> *per le prossime vacanze avrei trovato questa casa (questo appartamento)* ....
> ....
> ....
> ....
> ....
> ....
> ....
> ....

CASE

Affitto a Stintino (SS) appartamento in villetta con giardino, ottima posizione, vicinanze spiaggia. Telefono 079/51.45.19.

Affitto a Lubagnu Castelsardo (SS) monolocale per 2 persone e appartamento per 3 a m 50 dal mare, periodo giugno-settembre. Giovanni Addis, via Monte Bisbino 15, Seregno (MI), tel. 0362/86.22.83.

Affitto alla Maddalena (SS), zona Cala Gavetta, monolocale 4 posti letto da giugno a settembre. Loredana Paggiolu, Aglientu (SS), tel. 079/65.43.28.

Affittasi in Costa Azzurra (Francia) appartamento 5 posti letto dotato di tutti i comfort. Maddalena Ollosi, via S. Giovanni 29, Carmagnola (TO), telefono 011/97.11.143.

Affittasi a Portopino (CA) villetta 5/6 posti letto per il mese di agosto. Telefonare 0781/67.17.95.

Affitto a Loano (SV) alloggio 5 posti letto in villaggio a km 3 dal mare, tranquillissimo, grande terrazza panoramica, da giugno a settembre anche settimanalmente. Telefonare 0182/98.91.65 oppure 019/67.58.39 (ore ufficio).

Affittasi a S. Cesarea Terme (LE) villino su due livelli super arredato composto da: 3 camere da letto, doppi servizi, cucina, posto auto, giardino privato e pineta, a m 300 dal mare. Secondo Baldacci, via F.lli Cervi 28, Brindisi, telefono 0831/59.02.63.

Affitto a S. M. del Cedro (CS) villino 5 posti letto con giardino in parco condominiale con pineta, zona giochi sul mare, spiaggia gratuita, a 1 milione nei mesi di giugno e settembre, a L. 2.500.000 nel mese di luglio e a L. 3.500.000 nel mese di agosto. Ettore Nappi, via Martucci 35, Napoli, tel. 081/66.44.14 (ore serali).

Affittasi a Lacona (Isola d'Elba - LI) 2 villette formate da 3 appartamenti indipendenti all'interno di mq 5.000 di parco/giardino, a 4 minuti a piedi dal mare. Giuliana, telefono e fax 0565/96.41.79.

Affittasi a Lido del Sole/Rodi Garganico (FG) appartamento 4 posti letto, ingresso indipendente, giardino, a m 100 dal mare. Annabella Tellamaro, via della Rocca 13, Foggia, tel. 0881/77.47.74 (ore ufficio).

Affitto nei dintorni di Lugano (Svizzera) villetta per 6/8 persone, con giardino e bosco, in collina, vista stupenda, grande patio con forno per barbecue, freschissimo, ombreggiato, a 15 minuti dal lago. Periodo estivo (al mese o per 15 giorni). Telefonare 010/37.28.491.

Affitto a Camogli (GE), da giugno ad agosto anche quindicinalmente, apparta-

Volete comprare, vendere, affittare una casa; cercare o offrire un lavoro; vendere, comprare, scambiare mobili o oggetti? Compilate e inviate questa scheda a: Casaviva/Piccoli annunci, Casella Postale n. 1000, 20123 Milano. L'annuncio verrà pubblicato gratuitamente anche su Internet compatibilmente con le esigenze redazionali. Il materiale inviato non si restituisce.

N.B. Se non conosci le località indicate, cerca sul dizionario o sull'enciclopedia le sigle corrispondenti alle città, poi sulla cartina dell'Italia vedi se si tratta di una località di mare, montagna, una città, ecc.

grammatica

AVVERBI DI FREQUENZA

1 Aggiungi un avverbio di frequenza alle frasi.

1 Mi sveglio tardi.
Mi sveglio spesso tardi

2 Prendo l'autobus per andare a casa.
Non prendo quasi mai l'autobus.

3 Mi riposo dopo pranzo.
Mi riposo sempre dopo pranzo.

4 Prima di addormentarmi leggo un po'. _fall asleep_
Prima di addormentarmi spesso leggo un po'.

5 Vado a teatro.
Vado a volte a teatro.

6 Cucino.
Cucino di solito.

7 Faccio colazione.
Faccio quasi sempre colazione.

8 Guardo la televisione.
Guardo a volte la televisione.

2 Pronome o aggettivo possessivo?

	Aggettivo	Pronome
1 Questa è la **mia** casa.	✓	
2 E la **tua** dov'è?		✓
3 Ti presento la **nostra** amica.	✓	
4 Piacere. E questo è **mio** fratello, Carlo.	✓	
5 Guarda, la **tua** macchina!	✓	
6 No, sono uguali, ma la **mia** è là!		✓

3 Questa è la giornata tipica di Giuseppe. Completala con i verbi del riquadro.

Di solito (1) _mi sveglio_ alle sette meno un quarto, ma sto un po' a letto e (2) _mi alzo_ alle sette (3) _mi lavo_ e mi faccio la barba. Alle sette e un quarto (4) _preparo_ la colazione per me e mia moglie. Tutti e due (5) _usciamo_ di casa alle otto meno venti per andare al lavoro. (6) _Ritorniamo_ a casa all'una e mezza circa e (7) _pranziamo_ insieme. Di pomeriggio sto a casa fino alle tre e mezza e poi (8) _vado_ nuovamente in ufficio. (9) _Finisco_ di lavorare alle sei e mezza. Di sera (10) _ceniamo_ alle otto e poi (11) _guardiamo_ un po' la televisione. (12) _Andiamo_ a letto alle undici e mezza. Che vita interessante, vero!

preparare, svegliarsi, uscire, andare, lavarsi, guardare, finire, cenare pranzare, alzarsi, tornare, andare

lessico

1 Scrivi gli orari in lettere.

1 08.15 _le otto e un quarto_

2 13.05 _le (tredici) e cinque_ _le uno_

3 04.45 _le cinque meno un quarto_

4 13.00 _le uno_

5 12.00 _le (mezzagiorno) dodici_

6 11.30 _le undici e mezza_

7 22.20 _le ventidue e venti_

8 00.30 _le mezza_
mezzanote e mezza

2 Crucinumero.
Questa volta non devi inserire parole ma numeri, e più precisamente le ore. Devi scriverle in quattro cifre: ad esempio, le 7 del mattino vanno scritte 0700, le 7 di sera sono le 1900.

ORIZZONTALI	VERTICALI
1 Sono le 9 e 10 di sera	**1** Sono le 8 e 10 della sera
5 Manca un quarto alle 4 del mattino	**2** E' pomeriggio ed è l'una e un quarto
6 Manca un quarto a mezzogiorno	**3** Mancano 20 minuti alle 3 del pomeriggio
7 Sono le 5 e 5 del mattino	**4** Devo alzarmi presto, alle 6 meno 5

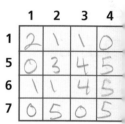

	1	2	3	4
1	2	1	1	0
5	0	3	4	5
6	1	1	4	5
7	0	5	0	5

doolhof

3 Labirinto di frequenze.
Parti da MAI per arrivare a uno dei tre SEMPRE. Passando da una parola all'altra devi sempre avere un leggero <u>aumento</u> di frequenza, mai una diminuzione. Ad esempio, va bene passare da RARAMENTE a A VOLTE, ma non tornare da RARAMENTE a QUASI MAI.
Quale dei tre SEMPRE raggiungi?

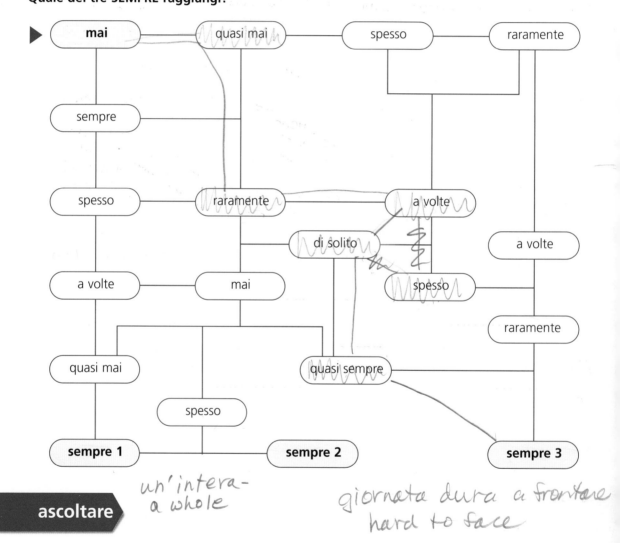

ascoltare

un'intera - a whole

giornata dura a frontare hard to face

🎧 **1 Ascolta Gloria che parla delle sue giornate e rispondi alle domande.**

1 In che giorno Gloria va a lezione di inglese?
...... lunedì e mercoledì ......

2 Quale giorno preferisce e perché?
...... Venerdì ......

3 A Gloria piace il lunedì?
non

4 Cosa fa il fine settimana?
Lo dedico a viaggio

leggere

[handwritten: si svolge a Roma]

1 Leggi la scheda del film e completa la tabella che segue.

scheda del film

Io la conoscevo bene ****

Regia: Antonio Pietrangeli - Italia/Francia 1965

Attori: Stefania Sandrelli, Mario Adorf, Jean-Claude Brialy, Karin Dor, Franco Fabrizi, Turi Ferro, Joachim Fuchsberger, Robert Hoffmann, Nino Manfredi, Franco Nero, Tatyana Pavlova, Franca Polesello, Enrico Maria Salerno, Solvi Stubing, Ugo Tognazzi, Véronique Vendell.

La giovane Adriana lascia la famiglia e va a Roma in cerca di fortuna. Riceve molte promesse di lavoro da parte di squallidi opportunisti (un agente pubblicitario, un press-agent, un attore), vive storie sentimentali inutili con un uomo ambiguo (Dario), uno scrittore e un borghese, Antonio. Alla fine capisce che per lei non c'è futuro e si getta dal balcone di casa. Il film, costruito come un mosaico, fa il ritratto, in modo magistrale, di una giovane ragazza piena di vita e apparentemente felice, almeno fino al tragico finale.

Straordinaria la prova della Sandrelli, perfetta nell'interpretare la ragazza ingenua, ma non senza colpa, vittima di una società che la ferisce e alla quale cerca di adeguarsi nel solo modo che conosce: cambiare vestito e pettinatura dopo ogni fallimento.

Il film è così il ritratto dell'Italia degli anni '60, un ritratto triste e cattivo pieno di spacconi, arrivisti e squallidi seduttori che girano intorno al mondo della pubblicità e del cinema.

[handwritten annotations: Extraordinary portrayal; fault; victim; wounded; get used; failure; con artist; seducer; portrait; ingenua-naïve]

1	Titolo	Io la conoscevo bene
2	Regista	
3	Anno	
4	Nazionalità	
5	Attrice protagonista	
6	Giudizio sul film	

[handwritten: me stessa-myself; tu stessa - yourself; loro stessa - theirself; inutili-useless; borghese - middle-class]

2 Adesso rispondi alle domande.

1 Chi è la protagonista del film? *[handwritten: La protagonista è Adriana.]*

2 In quale città si trova? *[handwritten: Si trova a Roma.]*

3 Perché la protagonista è in questa città? *[handwritten: Perché lei è cercare di fortuna.]*

4 Ha fortuna? *[handwritten: No, non ha fortuna.]*

5 Quale periodo della storia dell'Italia è presentato? *[handwritten: È presentato degli anni '60.]*

6 Quale mondo è descritto? *[handwritten: È il mundo pieno di spacconi che girano intorno al mundo della pubblicità e del cinema.]*

7 E' un film divertente? *[handwritten: No, non è un film divertente.]*

fonologia

• I suoni /r/ rosso; /l/ luna   • Mettere in risalto un elemento della frase

 1 Ascolta le parole e scrivile nella colonna corretta.

/r/	/l/
barca	almeno
prego	lingua
verde	isola
torno	alfabeto
scarpa	calcio

 2 Ascolta di nuovo le parole e ripetile a voce alta.

 3 Ascolta le frasi e prova a sottolineare le parole che sono messe in risalto.

1 Domani vengono <u>i miei</u>!   2 Quelli sono i loro amici!   3 Quelli sono i miei!
4 Questi sono i vostri!   5 Lei è la cugina di Teresa!   6 Pietro è proprio antipatico!

4 Leggi a voce alta le frasi dell'attività precedente.

5 Leggi a voce alta cercando di mettere in risalto le altre parole sottolineate.

1 <u>Domani</u> vengono i miei!   2 Quelli sono i loro amici!   3 Quelli sono <u>i miei</u>!
4 Questi sono <u>i vostri</u>!   5 <u>Lei</u> è la cugina di Teresa!   6 <u>Pietro</u> è proprio antipatico!

civiltà

1 Osserva queste foto.

In Italia, in generale, i nomi delle vie, delle piazze ricordano persone e date famose della storia nazionale, nomi di altre città, spesso importanti, nomi presi dalla geografia, nomi di santi o altri motivi religiosi. Sai:

1 Chi è Garibaldi?   2 Chi è Dante?
3 Cosa ricorda il XXV aprile?   4 Che cosa è il Po?
5 Che cosa è Trieste?   6 Chi è San Martino?

Scegli tra le seguenti possibilità.

a Un famoso musicista.
b Un uomo politico, ha reso possibile l'unità d'Italia.
c Una regione italiana.
d Il fiume italiano più lungo.
e La data dell'unificazione dell'Italia.
f La data della liberazione dai fascisti e dai nazisti nel 1945.
g Un famoso letterato.
h Un santo.
i Una città.

E nel tuo paese da che cosa prendono i nomi le strade?

Di solito la parola **1 Viale** indica una strada molto grande con alberi, **2 il Corso** è una strada cittadina grande e molto frequentata, **3 la Via** è una strada normale, **4 il Borgo** è di solito nel centro della città ed è una strada piccola, **5 la Piazza** è un grande spazio, spesso con monumenti, dove si incontrano varie strade.

 2 Adesso abbina le foto alle denominazioni giuste:

1 ....

2 ....

3 ....

4 ....

5 ....

lessico

1 Completa gli schemi con nomi di prodotti alimentari.

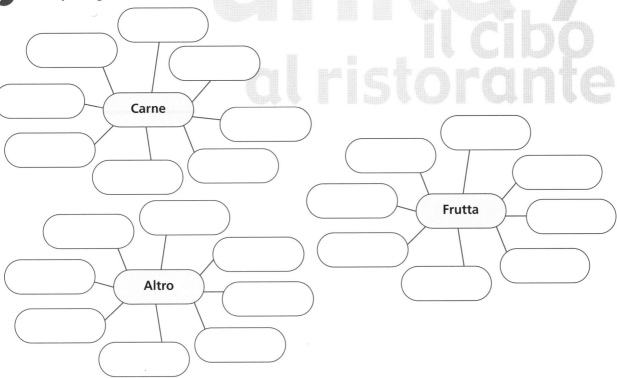

2 Fa' una lista della spesa con gli ingredienti di cui hai bisogno per fare una zuppa di verdure.

Lista della spesa.   obta ....

mezzo chilo di patate ....

un ....

....

....

....

....

3 Cruciverba in cucina. Completa il cruciverba sulla base dei disegni.
Non dovresti metterci più di 2 minuti.

4 Correggi gli errori.

1 Una bottiglia di piselli.
..Una scatola di piselli..........................

2 Un pacchetto di birra.
....

3 Una bottiglia di zucchero.
....

4 Una scatola di vino.
....

5 Un litro di pasta.
....

6 Un chilo di latte.
....

leggere

1 Leggi il testo e pensa alla tua dieta. E' sana?

La dieta mediterranea
Da anni, in tutto il mondo, si parla di dieta mediterranea. E' un tipo di dieta usata con successo dagli antichi popoli del Mediterraneo e si basa sul consumo di cereali, ortaggi, legumi, frutta, latticini, olio d'oliva, pesce e poca carne. Non è vero che pane e pasta fanno ingrassare, si possono preparare piatti buonissimi che non sono in contrasto con una dieta corretta. Tutto dipende dalla quantità e bisogna non rendere pesanti i cibi con elaborate preparazioni e condimenti eccessivi. Bastano poche gocce di olio extravergine di oliva e un po' di aromi senza calorie di cui sono ricchi i Paesi del Mediterraneo (origano, basilico, aglio, ecc.) per trasformare un cibo semplice in un piatto buonissimo. Ma perché proprio l'olio di oliva? In tempi relativamente recenti si è scoperto che l'olio d'oliva ha proprietà che rendono equilibrata la pressione sanguigna, abbassa il livello di colesterolo nel sangue, ecc. Per questo si preferisce usarlo al posto dei grassi animali.

2 Abbina a ogni immagine il termine giusto.

a Cereali
b Ortaggi
c Legumi
d Frutta
e Latticini
f Olio di oliva
g Pesce
h Carne

3 Leggi il brano e indica se le affermazioni sono vere o false.

	Vero	Falso
a Solo gli antichi popoli del mediterraneo seguono questa dieta.	☐	☐
b La dieta mediterranea è solo vegetariana.	☐	☐
c Il consumo di pane e pasta, nella giusta quantità non fa ingrassare.	☐	☐
d Bisogna fare attenzione a non eccedere con i condimenti.	☐	☐
e Bisogna fare attenzione a non usare troppi aromi che sono eccessivamente calorici.	☐	☐
f L'olio extra-vergine di oliva aiuta l'equilibrio della pressione sanguigna.	☐	☐
g L'olio extra-vergine fa diminuire il livello di colesterolo nel sangue.	☐	☐
h Si preferisce il burro all'olio extra-vergine.	☐	☐

ascoltare

1 Ascolta le 3 interviste e scrivi i nomi dei cibi che senti.

scrivere

1 Scrivi una storia che comincia con una frase che contiene la parola "medico" e finisce con una che contiene la parola "pizza". Devi usare almeno 5 parole relative al cibo.

grammatica

1 Completa il dialogo.

Cameriere: Buonasera. E' solo?

Cliente: ....

Cameriere: Dove vuole, di fianco alla finestra, va bene?

Cliente: ....

Cameriere: Il menù? E' sul tavolo.

Cliente: ....

Cameriere: Benissimo. Cosa vorrebbe come antipasto?

Cliente: ....

Cameriere: Salumi misti e penne all'arrabbiata come primo. E da bere? Cosa vorrebbe?

Cliente: ....

Cameriere: Naturale o gasata?

Cliente: ....

Cameriere: Desidera un secondo?

Cliente: ....

Cameriere: Carne alla griglia… E di contorno?

Cliente: ....

Cameriere: Carne alla griglia e insalata mista. Nient'altro?

Cliente: ....

2 Completa le espressioni con *un/uno/una/del/dello/della/dell'/dei/degli/delle*.

1 Delle .... uova.	5 .... pomodoro.
2 .... spaghetti.	6 .... formaggio.
3 .... acqua minerale.	7 .... carciofi.
4 .... cipolla.	8 .... gelato.

9 .... pizza.
10 .... mela.
11 .... olio.
12 .... patate fritte.

fonologia

• **I suoni** /ɲ/ compa**gn**o; /ʎ/ fi**gl**io; /ʃ/ pe**sc**e   • Accento nelle parole (II)

1 Ascolta le parole e scrivile nella colonna corretta.

/ɲ/	/ʎ/	/ʃ/
	bottiglie	

2 Leggi a voce alta le parole dell'attività precedente.

3 Ora fa' attenzione a come questi suoni si scrivono. Completa la tabella.

Suono /ɲ/			Suono /ʎ/				Suono /ʃ/		
gn +	u	= /ɲu/	gl +	i + u	= /ʎu/		sc +	i + u	= /ʃu/
gn +	_____	= /ɲo/	gl +	i + o	= /ʎo/		sc +	_____	= /ʃo/
gn +	a	= /ɲa/	gl +	_____	= /ʎa/		sc +	_____	= /ʃa/
gn +	_____	= /ɲe/	gl +	_____	= /ʎe/		sc +	_____	= /ʃe/
gn +	i	= /ɲi/	gl +	_____	= /ʎi/		sc +	_____	= /ʃi/

4 Ascolta le parole e scrivile nella colonna corretta.

Accento sull'ultima sillaba	Accento sulla penultima	Accento sulla terzultima
	albergo	

civiltà

1 Osserva le foto, leggi le definizioni dei luoghi dove si può mangiare in Italia e trova per ognuna la foto giusta.

a In questo locale si può mangiare un pasto completo di buona qualità, la scelta del menù è abbastanza grande e gli italiani preferiscono andarci a cena spesso per lavoro, per festeggiare, per invitare un amico, la moglie, la fidanzata. Il prezzo medio raramente è inferiore ai 25 euro.

b Si mangia soprattutto pizza (i tipi sono praticamente infiniti), ma spesso si può fare un pasto completo anche a base di pesce. Di solito non è costosa come il ristorante ed è frequentata da tutti, giovani, famiglie, coppie, ecc. Per una pizza e una bevanda, con dolce e caffè potete pagare poco più di 10 euro.

c La tipologia di questi locali è molto varia. Alcuni sono specializzati in piatti a base di pasta, altri offrono pizza o più spesso panini di tutti i tipi, insalate, ecc. I prezzi non sono alti, la qualità in generale è buona.

d Un tempo questo locale era decisamente meno costoso del ristorante e in molti casi lo è ancora, ma non sempre. Potete consumare un pasto completo, spesso i cibi sono più tradizionali, tipici della regione o della città in cui si trova il locale. Il prezzo di un pasto completo è di circa 15-20 euro.

e Questo locale è nato come luogo per bere soprattutto vino, di tutti i tipi e dove si poteva mangiare anche un pasto completo, ma con una scelta ridotta di piatti. Oggi vi sono ancora locali di questo tipo, ma è anche possibile trovare locali che con questo nome non sono tanto diversi dai ristoranti o dalle trattorie, almeno per i prezzi.

ascoltare

compiti 2/2 (handwritten)

alimentari, cartoleria (handwritten)

1 Ascolta le conversazioni. In che negozi sono i clienti?

2 Ascolta nuovamente le conversazioni e completa gli scontrini.

Da Fausto
Via Della Salute 65. Bologna
Tel 051 4533233
PIva 01539485964

Data 16/12/02 ore:16:45.

prosciutto crudo € 2,30 *(handwritten)*
olio di oliva € 4,45 *(handwritten)*
pane ½ kilo € 1,15 *(handwritten)*
€
€
€

Totale
€ 7,90 *(handwritten)*

2 penne blu € 1,40 *(handwritten)*
20 buste € 6,00 *(handwritten)*
+ carta da lettera € *(handwritten)*
1 matita € ,40 *(handwritten)*
1 gomma € ,35 *(handwritten)*
1 quaderno € 1,40 *(handwritten)*
a righe

centesimo (handwritten)

Totale
€ 9,65 *(handwritten)*

GRAZIE PER AVER SCELTO PAPER&PAPER.

lessico

compiti 2/2 (handwritten)

1 Cruciverba in negozio.
Devi inserire nello schema quanti euro si spendono per ciascuno di questi prodotti.

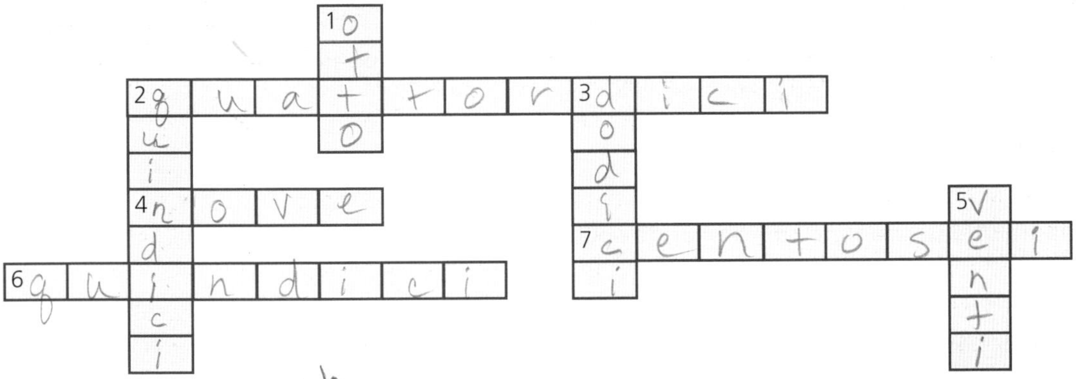

(Crossword - handwritten answers)
- 1 down: t/o (tot...)
- 2 across: quattordici ; 2 down: qui...dici
- 3 across: dici ; 3 down: dodici
- 4 across: nove
- 5 down: venti
- 6 across: quindici
- 7 across: centosei

thigh (handwritten)   *scarf* (handwritten)   *rather* (handwritten)

ORIZZONTALI
2 "A lei, signora: due chili di cosce di pollo a € 7 il chilo".
4 "Quanto costa il filetto?" "€ 18 al chilo".
"Beh allora me ne dia un pezzetto da mezzo chilo".
6 "Un chilo e mezzo; quanto viene al chilo?".
"€ 10: è in offerta speciale".
7 "Il cappotto costerebbe € 212, ma abbiamo lo sconto del 50%".

VERTICALI
1 "Quanto viene al chilo?" "2 euro".
"Allora me ne dia 4 chili, per favore".
2 "Che bello questo pane alle erbe! Quanto costa?".
"E' un po' caro, viene € 10".
"Ne prendo un chilo e mezzo: ho ospiti questa sera".
3 "Ecco 6 chili di pomodori per la sua salsa!
Vengono € 2 al chilo".
5 "Questa sciarpa è piuttosto cara, viene € 25… ma posso farle € 5 di sconto".

2 Che cos'è?

1 Non è vino, ma è un po' alcolica, ha un colore spesso giallo chiaro. Cos'è? .... *La birra* ....

2 Quando vuoi comprare delle bistecche vai in questo posto. .... *macelleria*

3 E' un lavoro molto moderno, si fa col computer. .... *informatica*

4 E' un prodotto che si fa con il latte. Ce n'è di tanti tipi, ma è quasi sempre bianco o giallo. .... *formaggio*

5 Si usa per bere. .... *bicchiere*

6 100 grammi. .... *eto*

7 La persona che spedisce una lettera. E' scritto sulla busta in alto a sinistra. — .... *mittente*

8 I palazzi delle grandi città ne hanno molti. *piani* ....

3 Scrivi i prezzi di questi prodotti o servizi nel tuo paese.

1 Un chilo di gelato. ....

2 Un etto di prosciutto cotto. ....

3 Un chilo di arance. ....

4 Una bottiglia di vino bianco (0.75 lt). ....

5 Una bottiglietta di birra (0.33 lt). ....

6 Una bottiglia di coca (1.5 lt). ....

7 Un chilo di pane. ....

8 Un appartamento di due stanze da letto nella tua città. ....

9 Un disco di musica. ....

10 Un biglietto per l'autobus. ....

11 Mangiare al ristorante. ....

12 Andare al cinema. ....

scrivere

1 Fa' una lista delle spese mensili di una famiglia media nel tuo paese. O, se preferisci, puoi fare una lista delle tue spese personali mensili.
Se necessario usa il dizionario.

2 Prepara un questionario con domande sul costo della vita.

grammatica

1 Scrivi le domande.

1 - ...... *Cosa vorrebbe bere* ....? - Un bicchiere di vino bianco per me, grazie.

2 - ....? - € 26 in tutto.

3 - ....? - Questo è un po' caro. € 84.

4 - ....? - No, preferisco una pizza al prosciutto.

5 - ....? - E' tutto grazie.

2 Completa la conversazione. Scegli tra i verbi del riquadro. Mettili alla forma *stare + gerundio*.

- Pronto, sono Luisa, c'è Carla?
- Ciao Luisa, sono sua madre; Carla ....*sta studiando*......... per l'esame di fisica. Te la chiamo.
- Eccomi qua. *sto leggendo*.... nuovamente i miei appunti e qualche libro, ma ormai ho finito di studiare; ho l'esame domani mattina. E tu, come stai?
- Bene, *stiamo vendendo* — *lavorando* per la solita ditta di profumi. Ormai è Natale e la gente *stanno comprando*.. tutti i regali. Quest'anno sembrano tutti impazziti: *stano spendendo*... tantissimi soldi. *crazy/mad*
- E per le vacanze che cosa fai?
- Ti ho chiamato proprio per farti gli auguri di buon Natale e buon anno perché *sto* .....*andando* per la Spagna. Ho l'aereo giovedì. *partendo*
- Che bello, dove vai?
- .....*sto decidendo*.... in questo momento. Sicuramente in Andalusia. Poi non so.
- Hai preparato le valigie?
- Le valigie? …Quelle, sempre all'ultimo minuto. — *Luck*
- Mandami una cartolina!! Beata te!! Ora devo andare. Cristina mi *sta chiamando* per tornare a studiare.
- Ci sentiamo quando torno. Un bacio.

chiamare, bere, lavorare, decidere, studiare, andare, fare, partire, comprare, vendere, spendere, leggere

fonologia

• I suoni /f/ fiore; /v/ vino; /s/ sale; [z] svenire

1 Ascolta e scrivi le parole nella colonna corretta.

/f/	/v/ curva	/s/
befana	vive riva	analisi
fai		sai isola
africa	inverno	lista
inferno	vai	

2 Ascolta e sottolinea le parole che contengono una "esse" [z] sonora.

spesa	pesca	risotto	chiese	considero	pausa
aspirina	basilica	mese	gelosia	deserto	alzarsi

3 Ascolta di nuovo le parole dell'attività precedente e ripeti.

La nostra scuola non è molto grande, Ne un posto
piano di studenti, Che sono sopratutto amici.
Ci sono mediamente dagli ottanta hai cento studenti
di molto nazionalità diverse. Di corsi sono al
mattino dalle otto alle dodici. E al pomeriggio

civiltà

✏ **1 Prova ad abbinare i termini che seguono al luogo giusto.**

a ipermercato **b** alimentari **c** negozio di calzature **d** libreria
e negozio di dischi **f** grande magazzino **g** negozio di abbigliamento **h** vendite on-line

📖 **2 Tu dove preferisci comprare? Sei d'accordo con le affermazioni che seguono?**

	Sì	No
1 Preferisco comprare i generi alimentari all'ipermercato o al supermercato perché la scelta dei prodotti è più vasta.	✓	
2 Mi piace andare nel negozio di alimentari perché preferisco un rapporto diretto con il negoziante.	✓	
3 All'ipermercato i prodotti sono più freschi.		✓
4 Preferisco comprare i miei vestiti in una piccola boutique che conosco.	✓	
5 Mi piace andare in libreria e toccare i libri, leggere qualche riga poi decidere se comprare oppure no.	✓	
6 I vestiti, preferisco acquistarli in un grande magazzino dove posso scegliere e provare quello che voglio senza essere obbligato a comprare.		
7 Le librerie ormai vendono solo best-seller, preferisco scegliere i libri che voglio dai cataloghi on-line.		
8 Le scarpe, è sempre meglio provarle, preferisco un buon negozio di calzature.	✓	
9 Conosco già i dischi che voglio comprare, preferisco ordinarli via Internet.		
10 Mi piacerebbe comprare tutto on-line, ma le spese di spedizione sono ancora troppo care.	✓	
11 In generale mi piace il rapporto con i venditori, mi piace toccare le cose che compro, non comprerei mai nulla su Internet.		✓
12 E' molto comodo prenotare un albergo o il teatro on-line invece di fare le file agli sportelli.		

✏ **3 Come paghi? Adesso abbina le espressioni che seguono con l'immagine giusta.**

PAGARE:
a con un assegno **b** in contanti **c** con la carta di credito **d** con il bancomat

lessico

 1 Abbina le parole alle definizioni.

1 Abbinare   **a** Aggiungere qualcosa che manca.

2 Rispondere   **b** Dire ciò che non è conosciuto o predire il futuro.

3 Indovinare   **c** Accoppiare.

4 Scegliere   **d** Prendere in considerazione le differenze e le somiglianze.

5 Chiedere   **e** Dare una risposta.

6 Completare   **f** Selezionare, decidere fra due o più cose.

7 Confrontare   **g** Parlare di un argomento esprimendo opinioni.

8 Discutere   **h** Fare una domanda.

2 Una grammatica dimenticata.

Quando si pensa alla grammatica di solito si ricordano la sintassi, la pronuncia, ecc.
Eppure c'è una grammatica "sociolinguistica" che è molto importante e regola la scelta tra un uso formale, informale, colloquiale della lingua. Questi usi si chiamano... Lo scoprirai risolvendo il cruciverba.

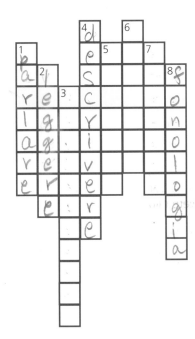

1 E' l'abilità che usi quando comunichi qualcosa usando la tua voce.
2 Quando scorri con gli occhi un testo usi l'abilità di ...
3 L'insieme delle regole di una lingua.
4 Quando prendi la penna o un computer e crei un testo usi la...
5 L'insieme delle parole di una lingua.
6 Oltre alla lingua italiana devi scoprire anche la nostra...
7 E' l'abilità opposta ad "ascoltare".
8 L'insieme delle regole di pronuncia di una lingua.

Quindi la lingua cambia a seconda del .... formale o informale che devi usare.

3 Cruci-grammatica.
Inserisci il termine che descrive la funzione grammaticale o le parti del discorso.

Un termine è ripetuto tre volte. Quale? ....

ORIZZONTALI

5 Sta al posto di un nome.

7 Indica una qualità.

9 Modifica un verbo.

10 Serve a legare due frasi.

11 Può essere comparativo.

VERTICALI

1 Indica le caratteristiche di una persona, un oggetto, uno stato d'animo.

2 Compie l'azione indicata dal verbo.

3 Indica una persona, un oggetto, un concetto.

4 Oltre al soggetto e al verbo, in quasi tutte le frasi trovi almeno un …

6 Serve ad introdurre i complementi.

8 Descrive un'azione o uno stato d'animo.

leggere e scrivere

 1 Leggi il testo introduttivo alla pagina seguente e indica se le affermazioni sono vere o false.

	Vero	Falso
1 A Parma c'è un'università fondata da pochi anni	☐	☐
2 Parma è una città sulle montagne dell'Italia del Nord.	☐	☐
3 Questo istituto va bene per chi ama la musica.	☐	☐
4 La scuola, però, non va bene per chi vuole prepararsi per entrare al conservatorio.	☐	☐
5 Parma è non troppo grande, ma viva.	☐	☐

 2 Vuoi partecipare a un corso di italiano, ma hai alcuni problemi. Quale corso va bene per te?

Vorresti fare un corso per tre o quattro settimane.   ....

Ti piacerebbe essere con alcuni altri studenti.   ....

Vorresti studiare non solo la lingua, ma anche qualcos'altro.   ....

Puoi spendere al massimo 2200 euro.   ....

Hai tempo dal 10 di maggio al 15 di giugno.   ....

3 Scrivi una lettera alla scuola di lingue e comunica tutte le informazioni sul corso che vuoi frequentare.

Istituto Dante Alighieri Sede di Parma

Parma, città ricca di storia, ospita una delle più vecchie università italiane. Situata in posizione "strategica" tra gli Appennini e la Pianura Padana offre allo studente straniero numerose opportunità culturali e di divertimento tra cui primeggia la musica, Giuseppe Verdi e Arturo Toscanini erano di Parma. L'Istituto Dante Alighieri di Parma si è specializzato nella preparazione degli studenti stranieri agli esami di ammissione ai conservatori italiani, abbinando alle competenze didattiche del suo staff di insegnanti e autori la vivacità della cultura musicale che si respira in città. La tranquillità di una città viva, ma a misura d'uomo e l'ambiente familiare in cui si è inseriti permettono di interagire al meglio in lingua italiana e assorbire l'identità della cultura del nostro paese. Informazioni su Parma : **www.comune.parma.it   www.provincia.parma.it**

IL NOSTRO ISTITUTO OFFRE I SEGUENTI CORSI DI LINGUA ITALIANA

TIPO DI CORSO	DURATA	PREZZO
CORSI DI GRUPPO	100 lezioni di 45 minuti (4 settimane)	600
CORSI INDIVIDUALI - Italiano generale - Italiano per gli affari	1 settimana 20 lezioni di 45 min.	630 incluso 7 notti/7 giorni pensione completa presso una famiglia ospitante
FULL IMMERSION NELLA LINGUA E NELLA CULTURA (individuali)	1 settimana 25 lezioni di 45 min.	700 incluso 7 notti/7 giorni pensione completa presso una famiglia ospitante

* Numero minimo di partecipanti per i corsi di gruppo: 4 studenti

Date d'inizio dei corsi di gruppo: (tutti i livelli) 10/1, 7/2, 6/3, 3/4, 8/5, 11/9, 9/10, 6/11, 27/11

SISTEMAZIONE
I nostri studenti possono scegliere tra sistemazione in famiglie ospitanti selezionate (solo per i corsi individuali), in appartamento, residence, hotel.

Appartamento ammobiliato   Da 500 al mese p.p.
Residence   Da 400 a settimana.
Hotel   Da 75 al giorno per camera singola.

Sono compresi nel prezzo:
- Tassa d'iscrizione
- Materiale didattico
- Certificato e Diploma

Bonifico bancario intestato a:
Istituto Dante Alighieri.
Banca di Piacenza. Filiale di Parma
Conto Corrente N° 324XY – CAB 23400 – ABI 4236

Sede di Parma Via Zanardi 17, 43100 Tel. 0521/257156 Fax 0521/257197 E-mail: ist_dante_alighieri@libero.it

ascoltare

 1 Ascolta e segui le istruzioni.

grammatica

 1 Sostituisci i nomi in corsivo con i pronomi.

1 Vedo i *miei amici* tutte le sere.
..Li vedo tutte le sere..........

2 Per Natale chiamo sempre *i parenti* per telefono.
....

3 Guardo *la televisione* tutte le sere.
....

4 Ascolto spesso *la musica italiana*.
....

5 Voglio invitare *te e Anna* al ristorante.
....

6 Mario, chiami *me e Franco* per andare al cinema?
....

2 Fa' delle frasi.

1 Pomeriggio/andare/questo/a/scarpe/devo/le/comprare.

Questo pomeriggio devo andare a comprare le scarpe.

2 Questa/quella/mia/tua/la/la/bicicletta/è/è/e.

Questa bicicletta è la mia e quella è la tua.

3 Questo/Signora,/suo/è/mio/quello/il/il/tavolo/è/e.

Signora, *Questo tavolo è il mio e quello è il suo.*

4 Di/sono/quei/questi/e/chi/maglioni??

Di chi sono questi maglioni quei?

5 Mi/ma/piacciono/i/preferisco/gialli/libri/quelli/d'avventura.

Mi piacciono i libri gialli ma preferisco quelli d'avventura.

6 Quei/vicino/sono/a/bambini/chi/Sandro?

A chi sono quei bambini vicino Sandro?

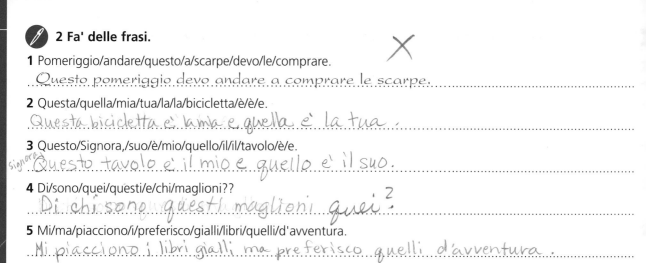

Ecco alcuni consigli per fare questo tipo di esercizio.

1 Leggi attentamente le parole: che cosa sono? (verbi, aggettivi, preposizioni, ecc.)?

2 Abbina gli articoli con il loro nome e\o aggettivo (possessivo e altri aggettivi).

3 Trova il soggetto e coniuga il verbo.

4 Pensa all'ordine delle parole nella frase.

5 Decidi se devi formare una domanda, una frase affermativa o una negativa.

3 Abbina le frasi di sinistra a quelle di destra.

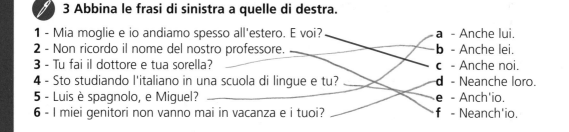

1 - Mia moglie e io andiamo spesso all'estero. E voi?

2 - Non ricordo il nome del nostro professore.

3 - Tu fai il dottore e tua sorella?

4 - Sto studiando l'italiano in una scuola di lingue e tu?

5 - Luis è spagnolo, e Miguel?

6 - I miei genitori non vanno mai in vacanza e i tuoi?

a - Anche lui.
b - Anche lei.
c - Anche noi.
d - Neanche loro.
e - Anch'io.
f - Neanch'io.

fonologia

• I suoni /ts/ **z**io; /dz/ **z**an**z**ara   • Intonazione per esprimere stati d'animo: *rabbia*

1 Ascolta le parole e fa' un segno nella colonna corretta.

	/ts/	/dz/
1		X
2		
3		
4		
5		
6		
7		
8		

2 Ascolta di nuovo le parole dell'attività precedente e scrivile nella colonna corretta.

/ts/	/dz/
	mezzanotte

3 Leggi a voce alta le parole che hai scritto.

4 Ascolta queste frasi. La loro intonazione esprime rabbia.

1 La Schiavi, io non la sopporto! **2** Marco, io non lo capisco! **3** Guarda che mi hai stufato!

4 Sei insopportabile! **5** Uffa! La vuoi finire? **6** Non lo fare più!

5 Leggi a voce alta le frasi dell'esercizio precedente.

civiltà

1 Osserva la tabella che segue.

Essere "fuori corso" è purtroppo una condizione molto comune tra gli studenti universitari italiani. Infatti per iscriversi all'anno successivo di studi non è obbligatorio avere sostenuto tutti gli esami dell'anno precedente. Succede così che studenti iscritti, per esempio, al terzo anno, abbiano sostenuto solo gli esami del primo anno.
Quindi dopo i tre anni previsti, se uno studente non ha finito tutti gli esami si iscriverà al "primo anno fuori corso".

IMMATRICOLATI A CORSI DI LAUREA PER GRUPPO DI CORSO E DI SESSO - Anno Accademico 1998 - 99							
	Numero	**Composizione%**		**Variazione% su a.a. 97,98**			**Mancate reiscrizioni**
		maschi	femmine	maschi	femmine	totale	per 100 immatricolati
Scientifico	7.683	65,1	34,9	-7,6	-7,9	-7,7	33,3
Chimico-farmaceutico	9.964	36,5	63,5	-5,8	-3,5	-4,6	19,3
Geo-biologico	14.586	41,8	58,2	-2,9	-2,1	-2,4	31,8
Medico	7.864	43,1	56,9	-4,9	5,2	0,6	3,8
Ingegneria	29.575	82,0	18,0	-9,5	-4,3	-8,6	29,3
Architettura	8.705	48,6	51,4	-4,1	-2,5	-3,5	11,8
Agrario	6.959	56,2	43,8	-15,0	-9,4	-12,6	26,5
Economico-statistico	37.991	54,1	45,3	-6,6	-4,2	-5,6	24,7
Politico-sociale	29.853	44,1	55,9	-6,6	1,4	-2,3	30,7
Giuridico	4.179	44,0	56,0	-11,1	-11,6	-11,5	24,2
Letterario	30.228	32,7	67,3	-2,7	-7,7	-6,1	21,9
Linguistico	17.487	17,9	82,1	5,2	-2,5	-1,2	28,0
Insegnamento	19.504	10,5	89,5	0,9	8,0	7,2	23,2
Psicologico	11.285	20,7	79,3	5,3	5,2	5,2	18,0
Totale	**275.216**	**44,0**	**56,0**	**-7,1**	**-3,3**	**-5,0**	25,0

fonte: Ministero dell'università e dela ricerca scientifica e tecnologica

Gli studenti universitari iscritti al primo anno dell'università si chiamano "matricole".

Facoltà di Lettere e Filosofia.

Facoltà di Giurisprudenza o di Legge.

facoltà: ogni singola unità (che riunisce materie di studio simili) in cui è diviso l'insegnamento universitario

lessico

1 Indovina i colori.

E' ...azzurro........... come il cielo. **2** E' .... come l'erba.

E' .... come il carbone. **4** E' .... come un pomodoro.

E' .... come un limone. **6** E' .... come una castagna.

E' .... come il latte. **8** E' .... come il mare.

2 Completa le liste.

Che vestiti ti metti quando:

hai freddo	hai caldo	vuoi essere elegante

vuoi sentirti comodo	fai uno sport	vuoi essere attraente

ascoltare

1 Ascolta le due persone che parlano dei vestiti che portano al lavoro e completa la tabella.

	Tipi di vestiti	Colori	Cosa le piace portare	Cosa non le piace portare
Persona 1				
Persona 2				

scrivere

 1 Secondo te quali sono i colori adatti per

vestiti estivi ....

vestiti invernali ....

vestiti da uomo ....

vestiti da donna ....

vestiti dei bambini ....

vestiti da lavoro ....

vestiti per serate romantiche ....

 2 Scrivi alcune frasi spiegando le tue opinioni.

leggere

1 Leggi il testo, poi fa' l'esercizio che segue.

UN MONDO DI COLORI

Stai parlando con un amico italiano di libri e lui ti domanda improvvisamente: "Ti piacciono i gialli?". Rimani per un momento senza parole e ti domandi: "Che importanza ha il colore di un libro?", poi ti fai coraggio e confessi che non sai di che cosa si tratta. Il malinteso è presto chiarito, l'amico ti spiega che in Italia si definiscono *gialli* i romanzi, ma anche i film polizieschi. Ma perché? Semplice, il primo romanzo poliziesco pubblicato in Italia negli anni trenta dalla casa editrice Mondadori aveva la copertina gialla e da allora si chiamano così tutti i libri di questo genere. In un'altra occasione incontri un altro amico che, con espressione molto triste e preoccupata, chiede il tuo aiuto e dice: "… Sai sono al verde…". Come fare per aiutarlo? Niente paura, la situazione è grave ma non tragica, il tuo amico ha semplicemente finito i soldi, cioè è al verde. Incontri un'amica, ha un aspetto terribile e ti dice: "Sai da qualche tempo passo tutte le notti in bianco…". Sei certo dispiaciuto per lei, ma che cosa significa *passare la notte in bianco*? La tua amica ha forse dei vicini rumorosi oppure qualcosa la preoccupa molto o forse ha bevuto troppi caffè, il fatto è che non può proprio dormire, cioè passa la notte in bianco.

Una compagna di classe si avvicina e ti dice: "Sono innamoratissima di un ragazzo francese, è bellissimo e molto ricco, ..sai… è *di sangue blu*!". Ancora un colore, ma il sangue non è rosso? Il suo ragazzo è nobile, forse è un principe o un conte, ha insomma un titolo nobiliare e si dice che i nobili hanno il sangue blu.

Prova a riscrivere i titoli di giornale usando le espressioni della lettura.

a

GIOVANE MOGLIE LASCIA IL MARITO E SPIEGA: "NON HA PIU' SOLDI"

b

LA PRINCIPESSA E' DECISA: "LO SPOSO ANCHE SE NON HA UN TITOLO NOBILIARE"

c

IMPIEGATO MILANESE NON DORME PIU' A CAUSA DEI VICINI

d

Gli italiani al cinema preferiscono i polizieschi

grammatica

1 Rispondi alle domande con il verbo *piacere*.

1 Ti telefonano a casa dicendo che hai vinto 100 000 euro e ti chiedono cosa farai con i soldi. Cosa rispondi?

....

2 Ti offrono un bicchiere di champagne, o di birra o di limonata. Come spieghi la tua scelta?

....

3 Ti invitano a teatro, ma preferisci non andarci. Cosa rispondi in modo cortese?

....

4 Ti propongono di scegliere tra una Ferrari e una piccola Fiat. Cosa dici?

....

2 Rispondi alle domande con i pronomi.

1 - Cosa mi offri? Tè o caffè?

- Oggi ....*ti offro un té*............, non ho più caffè.

2 - Ci inviti al cinema o a teatro?

- Vorrei vedere l'ultimo film di Spielberg; ....

3 - Scrivi spesso alla tua amica Elisa?

- Di solito......................................una volta al mese.

4 - Hai detto a tua madre che domani andiamo a trovarla?

- No, ...telefono più tardi.

5 - Cosa fai stasera da mangiare a Scott e Megan?

- ....le solite cose. Sono ancora così piccoli!

6 - Hai deciso cosa prendere a Francesco per il suo compleanno.

- Sì, ...un videogioco.

fonologia

- dittonghi, trittonghi e loro ortografia (suoni /j/ + voc. *i*eri; /w/ + voc. ling*u*a voc. +/i/ le*i*; voc. +/u/ pa*u*sa)
- Intonazione per esprimere stati d'animo: *sorpresa*

1 Ascolta e ripeti i suoni.

| mie | inquinare | tuo | voi | dei | mio | chiuso |
| piede | guerra | maiuscolo | autobus | tuoi | lui | quello |

2 Ascolta queste coppie di parole. Ti sembrano uguali o diverse? Fa' un segno nella colonna corretta.

	uguali	diverse
a		X
b		
c		
d		
e		
f		
g		
h		

Ti ricordi dei dittonghi? In Italiano puoi trovare anche alcune parole formate con sequenze di tre suoni vocalici (trittonghi).
Ad esempio
guai, /gwai/, *miei* /'miɛi/ ecc.

3 Ascolta di nuovo le parole dell'attività precedente e ripeti.

4 Scrivi le parole dell'attività precedente.

voi   vuoi

5 Ascolta le frasi e ripeti. Fa' attenzione all'intonazione che esprime sorpresa.

6 Immagina le situazioni in cui sono state pronunciate le frasi dell'attività precedente e prova a scrivere la prima battuta del dialogo. Dopo, leggi a voce alta i dialoghi.

1 a - ....Ciao Maria!.............................
   b - Che ci fai tu qui?

2 a - ....
   b - Che sorpresa!

3 a - ....
   b - Non lo sapevo!

4 a - ....
   b - Per me? grazie!

civiltà

Lo sai?

1 Dove si comprano i biglietti per autobus, metropolitana, tram?
2 Quanto costa, in media, un biglietto?
3 Quanto dura un biglietto per autobus, metro, tram?

ascoltare

1 Guarda le foto. Immagina che cosa fanno queste persone nel tempo libero.

2 Ascolta le interviste. Scrivi quello che fanno le tre persone nel tempo libero.

lessico

1 Indovina di che luogo si tratta.

1 Ci sono molti locali come questo. Ci vanno sia i vecchi che i giovani. I vecchi giocano spesso a carte, i giovani chiacchierano o fanno altri giochi. Tutti bevono o mangiano qualcosa.

Bar...

2 In questo posto si trovano soprattutto giovani, il sabato sera o la domenica per ballare.

D...

3 Durante il campionato di calcio questo posto si riempie di gente che guarda la partita dal vivo.

S...

4 Alla sera molti giovani vanno in questi posti per stare in compagnia bevendo una birra o altro.

B...

5 E' molto di moda andare in questi posti per fare un po' di movimento, un po' di ginnastica.

P...

6 Ci vado per nuotare.

F...

7 Questo posto invece non è molto di moda, ma fortunatamente esiste. Si possono prendere in prestito libri o fermarsi a leggere libri e giornali.

B...

8 Ci vado per vedere un film su uno schermo molto grande.

C...

2 Completa la tabella con le attività del tempo libero che conosci.

Sport	Attività manuali	Attività intellettuali
Tennis		

leggere

IL TEMPO LIBERO NON E' SOLO DIVERTIMENTO

Il tempo libero degli italiani non è fatto solo di divertimento e passatempi. In questi ultimi anni un numero sempre crescente di persone si dedica ad attività socialmente utili. Si tratta di prestazioni assolutamente gratuit che i volontari svolgono a favore dei più bisognosi.

 1 Leggi l'articolo poi rispondi alle domande.

Un esercito di volontari per offrire solidarietà

ROMA - Volontari e associazioni di volontariato: un piccolo esercito opera in Italia, silenzioso e attivo. Una situazione fotografata dalla Federazione Italiana del Volontariato (Fivol), che ha reso noti i risultati del rapporto sulle "Dimensioni della solidarietà", presentato nei giorni scorsi a Roma presso la sede del Cnel, alla presenza del Ministro per la Solidarietà Sociale, Livia Turco. L'indagine, condotta dalla Fivol nel 1997, fornisce un quadro sulla realtà del volontariato sociale italiano. Sfogliando le pagine del voluminoso dossier, il secondo realizzato dalla federazione, si legge che nel 1997 sono state 12.909 le associazioni di volontariato che hanno operato nel paese: un'organizzazione volontaria ogni 3.500 cittadini. Di queste, 10.516 sono state censite dalla Fivol,

da cui risulta che oltre la metà opera nel Nord, mentre al Sud è presente solo il 29% dei gruppi. Il volontario "tipo" è adulto, il 31,5% ha tra i 30 e i 45 anni, il 29% tra i 46 e i 65 anni, con una piccola prevalenza delle donne sugli uomini (50,3% contro il 49,7%), ha un reddito, il 45% lavora e il 18,7% è pensionato, un'istruzione medio alta (il 43,9% ha il diploma superiore e il 14,1% la laurea) e dedica al volontariato un po' di tempo a margine delle occupazioni quotidiane. Il 36,4% sino a tre ore a settimana, il 25,6% tra sei e otto ore. La regione con il numero di associazioni più elevato è la Lombardia con 1.823, seguita dall'Emilia Romagna con 1.251 e Toscana con 930 e la Sardegna con 873. La maglia nera spetta al Molise, con 52 associazioni, preceduto dalla Valle d'Aosta

con 63 e la Basilicata con 67. Queste associazioni hanno subìto una profonda trasformazione negli ultimi anni: tra il '93 e il '97 quelle di ispirazione cattolica sono passate dal 40,4 per cento al 36,3 per cento mentre le associazioni non cattoliche sono cresciute dal 2,1 per cento al 2,5 per cento. Il dato più interessante è la crescita delle associazioni "aconfessionali", passate dal 57,5 per cento al 61,2 per cento. Un ultimo dato riguarda la longevità delle associazioni di volontariato. Dal rapporto si scopre, infatti, che hanno una anzianità media di 21 anni, con punte in Liguria e in Toscana che sfiorano i 40 anni.
Un decimo delle associazioni, poi, opera in modo continuativo da oltre 50 anni.
[...]
la Repubblica
(16 febbraio 1999)

1 In quale parte dell'Italia sono più numerose le associazioni di volontariato?
2 Quale tipo di persona si dedica al volontariato? (Età, sesso, istruzione, situazione lavorativa.)
3 Quanto tempo dedicano le persone al volontariato?
4 Quale trasformazione si è avuta negli ultimi anni nel mondo del volontariato?

scrivere

**1 Abbina le frasi di destra a quelle di sinistra.
Usa parole come: *perché, dove, quando, e, ma, o, poi, prima, e poi.***

1 Ho trovato un mio caro amico ad aspettarmi
................quando.................

2 Non vado mai in vacanza
....

3 Stasera sto a casa
....

4 Sono uscito dal teatro deluso
....

5 Ieri sera sono andato in discoteca e
....

6 Mi piace molto viaggiare
....

a c'è molta gente.

b esco a bere una birra con alcuni amici.

c sono andato a mangiare una pizza.

d odio l'aereo.

e sono arrivato a casa.

f non mi è piaciuto lo spettacolo.

**2 Scrivi un paragrafo su quello che hai fatto nel tempo libero la settimana scorsa.
Usa le parole che hai imparato per collegare le idee.**

grammatica

1 Trasforma le frasi al plurale.

1 Ieri sera sono andato a letto presto.
Ieri sera siamo andati a letto presto.......

3 Ho accompagnato Giovanni in stazione.
....

5 Quando hai cominciato il nuovo lavoro?
....

7 Hai cambiato numero di telefono?
....

2 Domenica ho visto un bel film al cinema.
....

4 Quando sei tornato dalle vacanze?
....

6 Fabrizia è nata in dicembre.
Fabrizia e sua sorella ....

8 Ho preparato un ottimo risotto ai funghi.
....

2 Forma delle frasi. Attenzione: il verbo è all'infinito.

1 Vendere/vecchia/nostra/macchina/la.
Abbiamo venduto la nostra vecchia macchina.

3 Visitare/anno/turisti/Parma/molti/quest'
....

5 A/questa/ora/mattina/fare colazione/che?
....

2 Scorsa/Paco/fare/d'italiano/a/Venezia/estate/l'/corso/un.
....

4 Piacere/la/compleanno/di/ci/molto/tua/festa.
....

6 Sera/insieme/Claudia e Giacomo/ieri/uscire.
....

✏️ **RIPASSO: le date.**

Rispondi alle domande che seguono. Scrivi le date in lettere.

1 Viene una settimana dopo il 15/4.
.....Ventidue aprile......................

2 E' Natale.
....

3 E' il primo giorno di primavera.
....

4 E' la festa dei lavoratori.
....

5 Esiste solo una volta ogni quattro anni.
....

6 E' l'ultimo giorno dell'anno.
....

7 In onore di una vecchia signora, la Befana, o dei tre Re Magi.
....

8 Il giorno di Ferragosto.
....

fonologia ▶ • I suoni /mm/ gra**mm**o; /nn/ a**nn**o; /rr/ fe**rr**o; /ll/ co**ll**o

🔊 **1 Ascolta le parole e scrivile nella colonna corretta.**

/m/ /n/ /r/ /l/	/mm/ /nn/ /rr/ /ll/
vene	comma

📖 **2 Leggi a voce alta le parole dell'attività precedente.**

🔊 **3 Giochiamo un po'. Vediamo se hai una buona memoria. Ascolta queste 10 parole due volte.**

✏️ **4 Ora trova le parole dell'esercizio precedente che sono nascoste in orizzontale e in verticale. Hai due minuti di tempo.**

Orizzontali

B	E	A	C	A	T	O	A
E	S	O	G	N	O	B	U
D	O	M	A	N	I	E	I
Q	M	R	P	O	L	L	O
A	M	O	R	I	Z	A	S
B	A	R	I	A	S	O	E
U	T	E	R	R	A	D	N
T	O	C	E	E	T	W	I

Verticali

📖 **5 Leggi a voce alta le parole che hai trovato.**

1 Com'è cambiato l'impiego del tempo libero nel tuo paese rispetto al passato?
Prova a riempire la tabella, è la stessa usata nel libro di classe per gli italiani:

	Nel passato	Ora
Uomini		
Donne		
Giovani		

Posti o locali pubblici
in cui incontrarsi.

2 Quali sono i luoghi di ritrovo tipici del tuo paese? Da chi sono frequentati? Raccogli le informazioni dell'esercizio precedente e prova a scrivere un breve brano. Puoi iniziare così:

Nel mio paese il ritrovo tipico del tempo libero è sempre stato\a...

....
....
....
....
....
....
....
....
....

leggere

1 Guarda e leggi attentamente il dépliant informativo e indica se le affermazioni che seguono sono vere o false.

Residence *Club* Valtur Casa
COSTA DI SIMERI★★★

Vacanza Lunga
sconto del 20%
sulla tariffa dell'appartamento,
per soggiorni di almeno due settimane,
sulle partenze del 12 giugno
e del 12 settembre

IN QUESTO RESIDENCE È PREVISTA L'ASSISTENZA ANCHE PER I BIMBI DAI 3 AI 5 ANNI

Dove è

Sulla costa Ionica della Calabria, in un vasto comprensorio attrezzato che si affaccia sul Golfo di Squillace, dieci chilometri a nord di Catanzaro Marina.

Come è

Il Residence Club Valtur Casa Costa di Simeri è immerso in un uliveto e dista circa 600 metri dal mare. Le costruzioni, in stile tradizionale, sono ad uno o due livelli.
Il Residence Club è dotato di una sala soggiorno, bar, ristorante, zona intrattenimenti, minimarket, due piscine (adulti e bambini), 2 campi da tennis, campo di calcetto, bocce e ping pong.
Sulla spiaggia di sabbia, raggiungibile a piedi tramite un sentiero, si trovano: beach-volley, canoe, windsurf, pedalò, sdraio ed ombrelloni a disposizione gratuita degli ospiti.
Vengono organizzate lezioni di tennis, ginnastica e nuoto, giochi, tornei ed attività di intrattenimento. Il baby-club ed il mini-club accolgono bambini da 3 a 12 anni.
Gli appartamenti di vario taglio, tutti con patio o terrazza, sono dotati di telefono e TV color. Per altri dettagli, vedi simboli nella pagina a fianco.

La pulizia della camera è inclusa nel prezzo!

	Vero	Falso
1 Il residence si trova sulla costa tirrenica della Calabria.	☐	☐
2 Il residence è a poco più di mezzo chilometro dal mare.	☐	☐
3 La spiaggia è sabbiosa.	☐	☐
4 Gli appartamenti sono dotati di TV e telefono.	☐	☐
5 Ci sono 2 piscine ma non per bambini.	☐	☐
6 Per le vacanze lunghe sono previsti sconti del 20% da giugno a settembre.	☐	☐
7 La pulizia giornaliera dell'appartamento non è compresa nel prezzo.	☐	☐
8 E' prevista l'assistenza per i bambini da 0 a 5 anni.	☐	☐

grammatica

1 Guarda la tabella e scrivi alcune frasi sulle due diverse vacanze utilizzando i suggerimenti.

	Amedeo e Cristina	Filippo
Dove?	Caraibi	Sulle Dolomiti
Come?	Aereo e barca	Macchina e a piedi
Quando?	In ottobre	In luglio
Per quanto tempo?	10 giorni	2 settimane
Dove/alloggio?	In un bungalow sul mare	In tenda
Quali attività?	Prendere il sole, nuotare, osservare i pesci, rilassarsi	Camminare, scalare
Quanti soldi?	Molto, 2500 euro a persona	Poco, non ricorda

Amedeo e Cristina

Amedeo e Cristina sono andati in vacanza ai Caraibi ....
....
....
....
....

Filippo

....
....
....
....
....

2 Costruisci una conversazione tra Filippo e Amedeo.

Filippo: Ciao Amedeo! Come va?

Amedeo: Ciao, bene? .... dai Caraibi.

Filippo: Che bello!! Come ....?

Amedeo: ....

Filippo: Quando ....?

Amedeo: ....

Filippo: Dove ....?

Amedeo: ....

Filippo: Per quanto tempo ....?

Amedeo: ....

Filippo: Cosa ....?

Amedeo: ....

Filippo: Quanto ....?

Amedeo: ....

      E tu ....?

Filippo: .... sulle Dolomiti...

3 Trova l'errore e correggilo.

1 Ieri mia moglie e io siamo andato al cinema.

Ieri mia moglie ed io siamo andati al cinema.

2 Per Natale mi hanno regalato un portafoglio, ma io lo sono perso subito.

....

3 Ho parlato con il mio capo e lo ho detto cosa penso del suo modo di lavorare.

....

4 Sto rileggendo la lettera per David, l'ho appena finito.

....

5 Amiamo molto il mare: ci abbiamo stati ieri.

....

6 Susan è arrivata, ma non l'ho ancora visto.

....

4 PARTICIPI INCROCIATI

Inserisci i participi passati dei verbi.

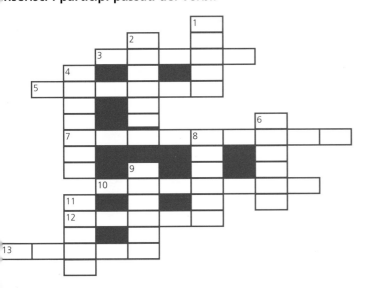

Orizzontali	Verticali
3 Leggere	1 Fare
5 Chiudere	2 Bere
7 Svegliare	4 Chiedere
10 Rimanere	6 Salire
12 Vincere	8 Lavare
13 Dire	9 Piangere
	11 Avere

ascoltare

 1 Dettato. Ascolta il dialogo e scrivi quello che senti.

lessico

 1 Trova le parole. Ce ne sono 14.

```
A (T E N D A) A W A F C A M P E G G I O A M A U A V K A
B M B P E N S I O N E B K B I O B S S D F N B D J B B
A P A W S A B B I A A D A X S P I A G G I A A A A A A
B A R C A I I I O M B R E L L O N E I A L B E R O I I
S N E V E S S M O N U M E N T O S A E O S O L E S H S
C C M A R E C C F C X C C L A G O C C D X C Z A Q W C
F X O F E T M O N T A G N A F E T A M F D F C G A F F
```

2 Scrivi 10 frasi con coppie di parole prese dal riquadro. Le coppie devono avere un collegamento logico e il verbo essere possibilmente al passato prossimo.

Montagne	Campagna	Spiaggia	Palma	Campeggio	Barca
Sabbia	Piacere	Impressionare	Mare	Annoiare	Tenda
Rimanere	Spiaggia	Opere d'arte	Pensione	Acqua	Città
Deserto	Roccia	Oasi	Lago	Ombrellone	Vedere
Cielo	Neve	Osservare	Albero	Pesci	Fiori
Monumento	Duna	Fiume	Camper	Sole	Chiesa

scrivere

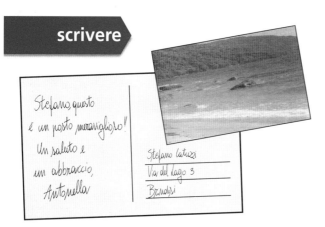

Stefano, questo
è un posto meraviglioso!
Un saluto e
un abbraccio,
Antonella

Stefano Latuzi
Via del Lago 3
Brindisi

Passeggiate stupende
e finalmente
senza colleghi!!
A presto e un bacio
Simona

1 Scrivi una cartolina a un amico.

fonologia

• I suoni /ff/ caffè; /vv/ ovvio; /ss/ classe

1 Scrivi le parole nella colonna corretta.

/f/	/ff/	/v/	/vv/	/s/	/ss/
	differenza				

2 Leggi a voce alta le parole che hai scritto.

3 Giochiamo un po'. Quanti verbi che contengono i suoni /vv/ ff/ /ss/ puoi formare con le lettere nel riquadro? Non devi usare tutte le lettere per ogni parola.

Ad esempio: Fissare, cioè "guardare qualcuno o qualcosa con insistenza"

reiiaaeffnnssvvp

leggere

1 Leggi le previsioni del tempo e indica a quale delle tre immagini si riferiscono.

A La settimana si chiude con il sole sulle regioni settentrionali e in parte su quelle centrali. Le nuvole si spostano da nord verso sud dove sono possibili piogge locali per tutta la giornata di oggi. L'alta pressione che si espande riporta la nebbia sulla Pianura Padana. Intanto le temperature non accennano a scendere e rimangono fra i 5 e i 10° oltre la media di questo periodo.

B Nord: parzialmente nuvoloso con addensamenti sulla Lombardia e sull'arco alpino orientale. Il centro appare irregolarmente nuvoloso con probabili temporali sulla fascia tirrenica. Il sud e le isole presentano una situazione di nuvolosità sparsa con probabili precipitazioni di carattere persistente. Le temperature non subiscono notevoli variazioni.

C Per oggi sono previste forti precipitazioni su tutta l'Italia settentrionale e centrale che potranno avere carattere nevoso su tutto l'arco alpino. Il sud appare coperto con possibilità di piogge sparse e di nevicate sui rilievi. Le temperature sono in notevole diminuzione su tutta la penisola.

 1    2    3

A	B	C

lessico

1 Abbina le parole del riquadro alle stagioni. A volte le parole possono andare bene per più di una stagione.

Inverno ....

Primavera ....

Estate ....

Autunno ....

pioggia, nebbia, neve, vento, nuvoloso, sereno, variabile, coperto, bello, brutto, freddo, caldo, piovere, nevicare, sole, -2°, +30°, ghiaccio

2 Scrivi la parola corrispondente sotto ogni foto.

..... *c'è caldo* ....

....

3 Hai buona memoria? Eccoti una parte del testo che hai letto sul clima italiano. Ricordi le parole che qui mancano? Se non le ricordi non importa: usando il buon senso puoi trovarle lo stesso!

La penisola (6 O)....................., che si estende per
più di mille (3 V)..................... nel mezzo
del Mar (9 O)....................., fa parte delle zone
a clima (7 O).....................
Il suo (4 V)....................., però, è molto variabile
e questo dipende da tre cause:
1 la sua notevole estensione in (2 V).....................;
2 la (8 V)..................... e la distribuzione
su tutto il suo territorio delle montagne;
3 la presenza del mare che la circonda in buona parte.

Le Alpi, con la loro disposizione ad arco da est a ovest, riparano durante l'inverno la Pianura (5 V)..................... e la costa ligure dai freddi venti del nord. Le piogge in Italia sono molto irregolari. Le quantità più elevate cadono sulle Alpi orientali, (10 O)..................... la regione meno piovosa è la Puglia. In primavera le piogge sono abbondanti su tutto il territorio, mentre durante l' (1 V)..................... tutta la penisola si presenta molto asciutta, salvo poche eccezioni.

ascoltare

1 Secondo te quali parole useranno due italiani, uno del sud e uno del nord per descrivere il tempo nella loro zona?

Nord
Sud

2 Ascolta e rispondi alle domande.

1 Che lavoro fa Rocco Procopio?

....

2 Cosa gli piace più fare?

....

3 Che cosa pensa Rocco del tempo?

....

4 Cosa succede se non piove in estate?

....

5 Cosa è successo quando aveva 8 anni?

....

6 Di dov'è Fabrizio Melzi?

....

7 Qual è la stagione più difficile?

....

8 Che temperatura media c'è in questa stagione?

....

9 Qual è l'attività sportiva di molti lombardi durante l'inverno?

....

10 Cosa pensa Fabrizio del carattere dei lombardi?

....

scrivere

1 Com'è il tempo nel tuo paese? Scrivi alcune frasi per descriverlo.

....

....

....

....

....

....

....

....

....

....

....

....

....

....

....

grammatica

1 Rispondi alle affermazioni secondo l'espressione del disegno.

😀 esprime accordo   😞 esprime disaccordo

1 Mi piace la Nutella.   😀   .... *Anche a me* ....

2 Non so andare a cavallo.   😞   ....

3 Non so nuotare.   😀   ....

4 Non so una parola di cinese.   😞   ....

5 Adoro la pasta   😀   ....

6 Vado spesso in barca a vela.   😀   ....

7 Non ho mai tempo per rilassarmi.   😀   ....

8 Ho preso un bel voto nell'esame.   😞   ....

2 Completa le frasi con un pronome.

1 Romina è molto simpatica. Esco spesso con ....

2 Giovanni è insopportabile. Non parlo mai con ....

3 Devo ancora fare 6 esami prima di laurearmi; ho davanti a .... un anno molto duro.

4 Ti ricordi che domani sei a pranzo da ....? Ti aspetto all'una.

5 Lara parte domani per le Seychelles. Beata ....!

6 Oggi hai un appuntamento dal dentista. Devo venire con ....?

3 Metti le frasi dell'esercizio 2 al plurale.

1 Romina e Mara ..... *sono molto simpatiche. Usciamo spesso con loro.* ....

2 Giovanni e Filippo ....

3 ....

4 ....

5 Lara e Gigi ....

6 ....

fonologia
- **I suoni** /pp/ tro**pp**o; /bb/ ra**bb**ia; /tt/ le**tt**o
- Intonazione per esprimere stati d'animo: *preoccupazione*

 1 Scrivi le parole nella colonna corretta.

/p/	/pp/	/b/	/bb/	/t/	/tt/
			sabbia		

 2 Leggi a voce alta le parole che hai scritto.

 3 Ascolta questi brevi dialoghi e fa' attenzione all'intonazione.

1 a - Ho fatto un incidente con la macchina di papà.
  b - Oh no! Quando papà lo sa...

2 a - Andiamo al mare domani ?
  b - Mi piacerebbe ma se non studio...

3 a - Domani forse nevica!
  b - Oh no! Io devo andare a Siena con la macchina...

4 a - Ma Gigi fuma sempre così tanto?
  b - Sì! Ma se non smette presto...

 4 Immagina le situazioni in cui sono stati pronunciati i dialoghi dell'attività precedente e prova a concludere le affermazioni di B. Se vuoi puoi scrivere le tue conclusioni sul quaderno e farle correggere al tuo insegnante.

Ad esempio:

1 a - Ho fatto un incidente con la macchina di papà
  b - Oh no! Quando papà lo sa, *si arrabbierà moltissimo!*

civiltà

🔊 1 Ascolta l'intervista a un esperto del clima italiano e scrivi alcune delle caratteristiche principali di ogni regione climatica negli appositi spazi.

Area alpina:
....
....
....
....
....

Regione degli Appenini:
....
....
....
....

Pianura padano-veneta:
....
....
....
....

Regione adriatica:
....
....
....

ITALIA FISICA

Regione tirrenica:
....
....
....
....
....

Estremo sud e isole:
....
....
....
....
....

grammatica

1 Fa' delle domande.

- _Ti dispiace se prendo la tua penna_...................?
- No, non mi dispiace affatto. Prendila pure.

- ....?
- A piedi, non più di dieci minuti.

- ....?
- Davvero? Ma non ci vogliono tre ore per andare da Bologna a Roma?

- ....?
- Sì, ci sono stato l'anno scorso e mi è piaciuta molto.

- ....?
- Più o meno 250 chilometri.

- ....?
- Dal macellaio.

- ....?
- Per fare la pasta della pizza? 200 grammi di farina, un cucchiaio d'olio, un po' d'acqua, lievito e sale.

2 Fa' delle frasi alla forma impersonale.

1 Se/domenica/piovere/non/potere/andare/al/mare.
Se domenica piove non si può andare al mare...

2 Andare/a/letto/tardi/quando/essere/in/vacanza.

....

3 Sbagliando/imparare.

....

4 In/Italia/guidare/a/destra.

....

5 In/Italia/quando/tornare/dal/lavoro/cenare/spesso/insieme.

....

6 In/estate/andare/spesso/in/piscina.

....

3 Quali altri pronomi *ci* hai incontrato fino a ora? Leggi le frasi e completa la tabella.

1 Ci piace molto andare al cinema.
2 Di solito la mattina ci alziamo alle 7,30.
3 A Roma? Ci sono andato l'anno scorso.
4 Vuoi una penna? Mi dispiace, non ce l'ho.
5 Scusate, ci siamo sbagliati.
6 Con Luisa ci siamo incontrati al bar la settimana scorsa.
7 Dal dentista, ci sei già andato?
8 Quando ci venite a trovare?.
9 Ci siamo comprati una macchina nuova.
10 Perché ci guardate con tanta insistenza?
11 Mia madre ci ha telefonato la scorsa settimana.

Pronome indiretto	Pronome diretto	Riflessivo	Indicazione di luogo
Ci piace molto andare al cinema.	Perché ci guardate con tanta insistenza	Di solito la mattina ci alziamo alle 7,30.	A Roma? Ci sono andato l'anno scorso.

lessico

 1 Indica un posto dove...

1 si può comprare una torta: ....pasticceria...........................
2 si va per bere una birra e stare in compagnia: ....
3 si va quando si parte in treno: ....
4 si va per prendere l'autobus: ....
5 si può nuotare anche d'inverno: ....
6 si lascia la macchina: ....
7 si può vedere una mostra d'arte: ....
8 si compra l'aspirina: ....

2 Cruciverba un po' strano.

Inserisci alcune
delle parole "stradali"
che sono state tolte
dal dialogo che hai
ascoltato per sviluppare
le abilità di comprensione.
La forma delle caselle
ti può suggerire
quale parola scrivere.

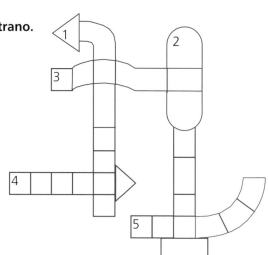

"Subito dopo c'è un ponte. Deve passare il **3 orizz.**, andare a **4 orizz.** alla prima laterale e poi dritto fino al **2 vert.**. Quando arriva al semaforo deve **5 orizz.** a **1 vert.** E lì vedrà l'entrata del parcheggio."

scrivere

1 Guarda la cartina e scrivi le istruzioni per arrivare dalla stazione all'ospedale.

2 Completa il dialogo.

Automobilista:	....
Passante:	Mi dica.
Automobilista:	....
Passante:	Mi faccia pensare… Sì, so dov'è l'Hotel Astoria.
Automobilista:	....
Passante:	No non molto, ma non è facile trovarlo.
Automobilista:	....
Passante:	Dipende, in macchina saranno 5 minuti, a piedi almeno un quarto d'ora.
Automobilista:	....
Passante:	Allora guardi, per arrivarci in macchina deve seguire questa strada, al primo…no, al terzo semaforo deve voltare a sinistra, poi ancora a sinistra subito dopo la piazza…
Automobilista:	....
Passante:	Piazza del Risorgimento, non può sbagliare. C'è una grossa statua di Garibaldi in mezzo.
Automobilista:	....
Passante:	No, lì parcheggi non ce ne sono e poi è ancora un po' lontano…
Automobilista:	....
Passante:	Un paio di chilometri più o meno.
Automobilista:	....
Passante:	No, non ci sono divieti o sensi unici… dopo aver voltato a sinistra dopo la piazza, deve andare sempre dritto per un chilometro o poco più, e subito dopo il ponte a destra vedrà l'hotel, è proprio davanti a uno splendido parco.
Automobilista:	....
Passante:	Sì, vedrà che lo troverà. Arrivederci.
Automobilista:	....

leggere

1 Leggi la lettera e traccia la strada che Nicola consiglia a Enrica.

12 marzo 2000

Cara Enrica,

ti ringrazio per la tua lettera che mi è arrivata questa mattina.
Giusto in tempo!! Sono contento che tu possa venire alla festa.
Sai, ci tengo veramente molto. Non credo mi laureerò nuovamente
nella vita. Non ne posso più di studiare! Ti mando questa lettera
raccomandata sperando che ti arrivi in tempo, comunque per
sicurezza sabato ti chiamo. Mi hai scritto che vieni in macchina,
per cui ti devo spiegare come arrivare a casa mia. Se non conosci
bene la città può essere un po' complicato. Quando esci dal
casello dell'autostrada vai a destra seguendo le indicazioni per il
centro. Se ti sai orientare devi andare verso sud. Dopo tre
semafori, c'è una rotonda; devi prendere la strada di sinistra che
porta allo svincolo della tangenziale est. Prendi la tangenziale e
dopo circa 5 chilometri c'è un'uscita obbligatoria, perché è
l'ultima, attraversi un ponte, giri a sinistra e poi vai dritto fino a
un incrocio piuttosto grande, non ci sono semafori, ma sulla
sinistra c'è un supermercato e dall'altra parte un negozio di
mobili. Non puoi sbagliarti. A questo punto segui la strada del
supermercato per circa trecento metri e poi prendi la terza a
sinistra. La mia casa è sulla destra, appena prima di uno spazio
pubblico dove ci sono dei giochi per bambini. Abito in un
appartamento in un edificio verde di due piani. Di fronte c'è una
serie di case a schiera.
Se ti perdi o hai dei problemi, chiamami. Ti do il numero del mio
cellulare che lascio sempre acceso: 0339 3424558.

Ci vediamo domenica, Nicola

ascoltare

1 Ascolta le indicazioni stradali e completa il testo.

A casa di Valentina si arriva in (1) .... Bisogna uscire all'ultima (2) ....
che si chiama Ferro di Cavallo; al primo (3) .... bisogna andare (4) ....,
poi si deve (5) .... alla seconda laterale a (6) .... Passate una scuola e
una (7) .... si prosegue per la strada (8) .... fino a un supermercato,
(9) .... c'è la casa di Valentina.

fonologia

- I suoni /kk/ a**cc**ordo, acqua;
  /gg/ a**gg**ressivo; /dd/ a**dd**io

- Intonazione per esprimere
  accordo/disaccordo

 1 Scrivi le parole nella colonna corrispondente.

/k/	/kk/	/g/	/gg/	/d/	/dd/
antiquario					

 2 Leggi a voce alta le parole che hai scritto.

3 Prova a rispondere alle affermazioni che sentirai, esprimendo accordo o disaccordo. Se vuoi puoi registrare le tue risposte su una cassetta e farle ascoltare al tuo insegnante.

1 Il mio insegnante di italiano mi piace molto!
2 A me il vino rosso non piace!
3 Il sabato di solito io lavoro.
4 La domenica, se posso, dormo fino a tardi!
5 Mi piacciono i film dell'orrore!
6 Io ascolto solo musica classica!

civiltà

Si può imparare molto della storia e della cultura italiane passeggiando in una qualsiasi città, è sufficiente prestare attenzione ai nomi delle vie e delle piazze d'Italia.

Giuseppe Mazzini

Dante Alighieri

Giuseppe Garibaldi

Giuseppe Verdi

Guglielmo Marconi

1 Abbina a ogni personaggio la sua biografia.

a ....(1807-1882) Protagonista del Risorgimento italiano ha contribuito in modo decisivo all'unità d'Italia. Nel maggio del 1860 parte da Quarto (Genova), con mille volontari, per la Sicilia. La spedizione dei Mille arriva nel porto di Marsala e risale la penisola liberando tutti i territori fino a Napoli (il Regno delle Due Sicilie). Consegna poi le terre conquistate al futuro re d'Italia Vittorio Emanuele II.

b .... (1805-1872) Uomo politico ha sempre sostenuto un programma unitario e repubblicano per l'Italia. Per le sue idee politiche è stato in prigione e poi in esilio. All'estero fonda una società segreta *La Giovine Italia*. Conoscendo i problemi degli operai, contribuisce a fondare la prima associazione operaia italiana.

c .... (1874-1937) Scienziato, inventore del telegrafo senza fili. Nel 1895 realizza la prima comunicazione a distanza attraverso onde elettromagnetiche. Nel 1904 utilizza le valvole termoioniche per la radiocomunicazione; nel 1916 realizza la trasmissione con onde corte. Dopo la fine della Prima Guerra Mondiale comincia esperimenti con onde cortissime e inaugura nel 1933 il primo servizio radio a microonde. Premio Nobel per la fisica nel 1909.

d .... (1813-1901) In assoluto il più grande compositore dell'opera lirica italiana nel secondo '800. Seguendo la tradizione del melodramma, sviluppa nel corso del tempo il disegno dei personaggi e amplia le strutture drammatiche fino a elaborare un nuovo e più moderno linguaggio teatrale. Tra le sue opere più famose troviamo : *Rigoletto*, *Il trovatore*, *La Traviata*, *Aida*, *Otello*.

e .... (1475-1564) Scultore, pittore, architetto e poeta. Sono suoi gli affreschi del Giudizio universale nella Cappella Sistina. Tra le opere di architettura troviamo la Basilica di San Pietro, il Campidoglio e Palazzo Farnese. Le sue sculture più famose sono la Pietà del Duomo di Firenze e la Pietà Rondanini.

f .... (1451 ca-1506) Il suo nome è legato a una data storica per l'umanità: il 12 ottobre 1492, la scoperta dell'America. Grazie all'aiuto dei sovrani di Spagna, parte dall'Europa per raggiungere l'oriente navigando verso occidente. Non arriverà mai nelle Indie, ma approderà prima a San Salvador poi a Cuba, Haiti e in Giamaica. Morirà dimenticato da tutti senza mai sapere di avere scoperto un nuovo continente.

g .... (1265-1321) La sua opera è all'origine della tradizione letteraria e linguistica italiana. E' in esilio, dove era stato mandato per motivi politici, che scrive la più importante opera della letteratura italiana: la *Divina Commedia*. Si tratta di un viaggio immaginario nei tre regni dell'oltretomba, Inferno, Purgatorio e Paradiso dove l'autore, che è anche personaggio della *Divina Commedia* incontra le anime di grandi uomini e donne. Attraverso questi incontri affronta i grandi temi filosofici, religiosi, politici e culturali. Ma questo viaggio rappresenta anche la redenzione dell'uomo dal peccato.

h .... (1182-1226) Con Santa Caterina da Siena è il santo patrono d'Italia. Figlio di un ricco mercante, è cavaliere e si dedica alla cultura mondana. Si avvicina sempre di più alla religione, decide di abbandonare la casa del padre e di vivere in completa povertà. Dedica così tutta la sua vita ai poveri e ai malati. Dalla prima comunità di persone che si raccoglie intorno a lui derivano i tre ordini religiosi dei frati Francescani.

> *Giuseppe Verdi, Giuseppe Mazzini, Dante Alighieri, San Francesco d'Assisi, Giuseppe Garibaldi, Michelangelo Buonarroti, Cristoforo Colombo, Guglielmo Marconi*

ascoltare

1 Ascolta l'oroscopo e rispondi alle domande.

Quale segno ha bisogno di riflettere?
....

2 Quale segno è in ottima forma e pronto a nuove conquiste?
....

Quale segno non può spendere molto?
....

4 Quale segno avrà presto nuovi amici?
....

Quale segno deve fare nuove proposte?
....

6 Quale segno riceverà una notizia positiva?
....

leggere

1 Trova la definizione per i termini sottolineati nel testo.

Sono dieci milioni gli italiani che credono all'oroscopo e si affidano ai cartomanti.

Ma non mancano i pentiti. Magia, un business da mille miliardi

La <u>bacchetta magica</u> non funziona se si tratta di risolvere problemi di lavoro o economici. Insomma se una persona è piena di debiti il <u>mago</u> non serve. La pensano così gli italiani su maghi e <u>cartomanti</u> che affollano sempre di più le televisioni e i siti della Rete. Secondo un sondaggio della SWG gli italiani che credono alla <u>magia</u>, agli oroscopi e che ricorrono all'<u>irrazionale</u> per risolvere i loro problemi sono circa dieci milioni.
E' un dato di fatto: gli italiani si rivolgono ai cartomanti, si incollano davanti alla tv in cerca di consigli dai maghi

che si fanno pubblicità sul piccolo schermo, e continuano ad acquistare libri su oroscopi, magia e cartomanzia.
Per un consiglio sono anche disposti ad aprire il portafogli: lo scorso anno hanno speso circa mille miliardi di lire. L'oroscopo è al primo posto: ci crede il 35 per cento degli italiani. Al <u>verdetto</u> delle carte si affida il 13,4 per cento, mentre lo <u>spiritismo</u> ne attira un buon 10,5 per cento e alla magia vera e propria ricorre solo il 6,9 per cento.
Gli italiani che si rivolgono al mondo dell'irrazionale spendono circa 100 mila lire a <u>consultazione</u>. Solo il 2,5 per cento dichiara apertamente che la propria vita è migliorata per merito di un mago o una cartomante.
Dieci milioni sono tanti, ma non abbastanza per su-

perare l'esercito degli italiani <u>scettici</u>, quelli che hanno molti dubbi e che rappresentano la maggioranza, il 57,8 per cento, tutte persone che per carte, oroscopi e spiritismo, non sono disposte a spendere nemmeno una lira.
Loro non ci credono, mentre ad averci creduto e essersene amaramente pentiti sono il 2,5 per cento degli intervistati che oggi dichiarano di essere stati vittime di una vera e propria <u>truffa</u>. Tra il '94 e il '98 sono state raccolte centocinquanta denunce sulle quali sono intervenute polizia e magistratura.

(adattato da la *Repubblica* 13 agosto 1999)

1 Danno contro chi paga per un oggetto o un servizio il cui valore non corrisponde alla realtà.
2 Giudizio.
3 Capacità di dominare le forze nascoste della natura e di usarle per aumentare il proprio potere.
4 Tutto ciò che non è razionale, che non si spiega attraverso la ragione.
5 Persone che leggono e interpretano il futuro attraverso le carte.
6 Persona che esercita la magia, che ha il potere di usare le forze nascoste della natura. Si dice anche di persona di grande abilità e capacità professionali.
7 Atto del consultare, cioè di chiedere consigli e informazioni.
8 Pratica che consiste nell'entrare in contatto con gli spiriti (le anime di persone morte).
9 Piccolo bastone che usano i maghi e le fate per esercitare la magia.
10 Persone che dubitano di tutto e che sono difficili da convincere.

....   **2** ....

....   **4** ....

....   **6** ....

....   **8** ....

10 ....

2 Trova il riferimento giusto per ogni numero e percentuale.

Soldi spesi in Italia per oroscopi, cartomanzia e magia.	1.000.000.000.000
	10.000.000
	35%
	13,4%
	10,5%
	6,9%
	100.000
	2,5%
	57,8%

lessico

 1 Oroscopo incrociato. Inserisci i nomi dei segni zodiacali.

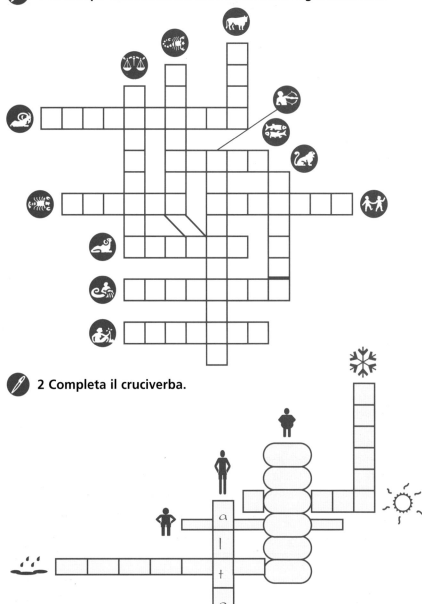

2 Completa il cruciverba.

grammatica

1 Completa le frasi con un verbo del riquadro.

1 Questo pomeriggio .... *scriverò* .... una lettera al mio amico Shariff.

2 L'anno prossimo .... a Londra per due mesi.

3 Sandra e Matteo .... domani per la settimana bianca.

4 Francesca .... stare alcuni giorni in ospedale con il suo bimbo.

5 Domani il tempo .... bello, spero.

6 In settembre i miei studenti .... in Svezia.

7 I vostri insegnanti vi .... le parti necessarie per l'esame.

8 Marta e Elisa .... una festa sabato sera.

vivere, dovere, partire, scrivere, dare, andare, essere, spiegare

2 Guarda le previsioni del tempo nelle varie parti del mondo e fa' delle frasi.

Città	Min.	Max.	Tempo previsto
Amsterdam	2	6	❄
Ankara	-2	5	🌧
Atene	8	17	🌧
Berlino	0	4	❄
Bruxelles	2	6	⛅
Copenaghen	-2	5	⛅
Helsinki	-20	-15	☁
Lisbona	7	15	☀
Londra	6	9	≡
Madrid	0	15	☁
Parigi	6	9	→
Stoccolma	-10	-7	❄

1 Domani ad Ankara pioverà e farà freddo. Ci saranno al massimo 5°.

2 ....

3 ....

4 ....

5 ....

6 ....

7 ....

8 ....

scrivere

✏ **1 Scrivi la tua agenda per la prossima settimana.**

fonologia

• I suoni /tts/ mo**zz**arella; /ddz/ a**zz**urri   • /tt∫/ pasti**cc**eria; /ddʒ/ le**gg**ere

🔊 **1 Giochiamo un po'. Ti piacciono i cruciverba? Ascolta le parole e scrivile nelle righe (orizzontali) o nelle colonne (verticali) corrispondenti. Ascolterai prima tutte le parole orizzontali, poi tutte le parole verticali.**

orizzontali

verticali

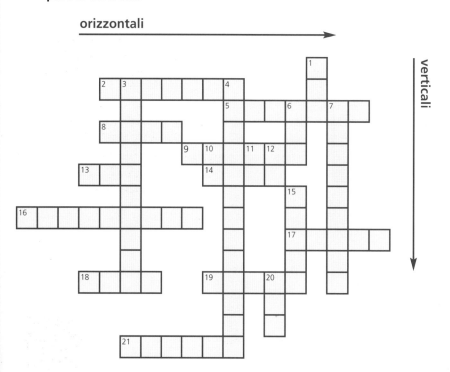

civiltà

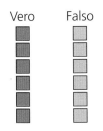 **1 Leggi la storia del Festival di Sanremo e indica se le affermazioni sono vere o false.**

Il più celebre festival della canzone italiana nasce a Sanremo il 29 gennaio 1951. Non c'è ancora la televisione, le canzoni sono trasmesse alla radio, ma il successo di pubblico è subito enorme. Alle prime edizioni partecipano solo pochissimi cantanti (solo tre nella prima edizione) che si dividono le 20 canzoni in gara. La prima canzone vincitrice è *Grazie dei fior* cantata da Nilla Pizzi. Con il passare degli anni i cantanti aumentano e si assiste alla sfida tra i più famosi interpreti della canzone italiana. Dal 1955 il festival è trasmesso alla televisione. E' nel 1958 che Domenico Modugno vince il festival con *Nel blu dipinto di blu*, conosciuta in tutto il mondo con il titolo di *Volare*. Si tratta di una vera e propria rivoluzione per la canzone italiana, Modugno non canta la solita canzone melodica e sentimentale, *Volare* ha un ritmo e un testo modernissimi per quegli anni.

Partecipano al festival anche artisti stranieri che devono però cantare rigorosamente in italiano, tra i più noti troviamo Paul Anka nel 1964, Louis Armstrong e Roberto Carlos nel 1968 e Stevie Wonder nel 1969. Nel 1967 il festival si tinge di giallo con il suicidio del cantautore Luigi Tenco. Questa è senza dubbio la pagina più triste nella storia della canzone italiana.

> *Cantante che scrive sia la musica che le parole delle canzoni che interpreta.*

Nei primi anni '70 il festival conosce ancora edizioni di grande successo, nel '72 si ha l'esordio di Lucio Dalla con la canzone *4.3.43*, Dalla non vince il festival, ma la sua canzone ha un grande successo.

> *Prima partecipazione pubblica. Inizio carriera.*

Dalla fine degli anni '70 in poi il festival vive momenti di successo e altri meno positivi: solo pochi cantanti famosi partecipano alla gara e spesso le canzoni che hanno un vero successo di pubblico non sono quelle vincitrici. Nel 1982 partecipano al festival due giovani cantanti sconosciuti al grande pubblico, Vasco Rossi e Zucchero, non vinceranno, ma diventeranno due dei cantanti rock più famosi degli anni '80 e '90.

Il Festival si è trasformato progressivamente in un varietà lungo cinque sere che non si basa più sul semplice concorso di canzoni, ma è diventato un grande spettacolo televisivo a cui partecipano ospiti di fama internazionale, personalità della cultura e della politica internazionale.

> *Spettacolo leggero formato da canzoni, balletti, scenette comiche, giochi, ecc.*

	Vero	Falso
a Il Festival è sempre stato trasmesso in televisione.		
b Alle prime edizioni partecipano pochi cantanti.		
c La canzone *Volare* vince il festival nel 1958.		
d I cantanti stranieri cantano nelle loro lingue.		
e Lucio Dalla vince il festival nel 1972.		
f Oggi il festival non è solo un concorso canoro.		

Civiltà

Schede

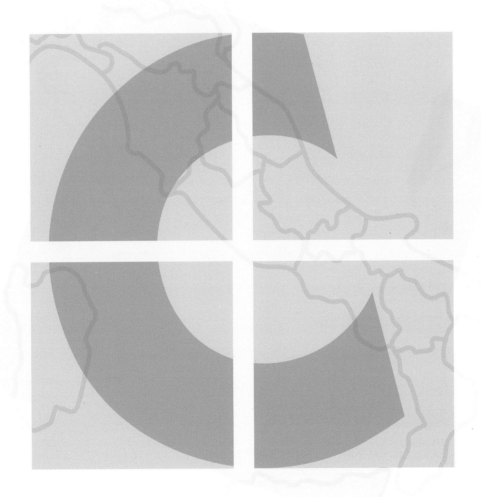

carta d'identità

DATA DI NASCITA:	17.03.1861*
SUPERFICIE:	301.277 Km²
SEGNI PARTICOLARI:	Penisola con due grandi isole (Sicilia e Sardegna)
ABITANTI:	57.800.000 circa (inizio 1999) (190 abitanti per Km²)
CAPITALE:	Roma (ab.: 2.653.000)
FORMA DI GOVERNO:	Repubblica parlamentare
REGIONI:	20 La regione più grande è la Sicilia (25.707 Km²) La regione più piccola e la Valle d'Aosta (3.262 Km²)
RELIGIONE:	la maggioranza degli italiani sono cattolici

*è la data della proclamazione del Regno d'Italia. Mancano ancora Roma e il Veneto.

l'Italia fisica

L'Italia ha una superficie di 301.277 km². E' formata da una penisola e da due grandi isole e si trova nella parte meridionale dell'Europa. Il territorio italiano, dalla caratteristica forma allungata simile a uno stivale, è legato a Nord all'Europa continentale (confina con Francia, Svizzera, Austria e Slovenia), ma si estende verso Sud quasi fino alle coste dell'Africa. Il mare Mediterraneo circonda la maggior parte della penisola, infatti la lunghezza delle coste italiane è di 7.500 km.

L'Appennino tosco-emiliano divide il paese in due grandi aree, l'Italia continentale a nord, costituita dalla fascia alpina e dalla Pianura Padano-veneta, e l'Italia peninsulare e insulare che si estende verso sud. Il territorio è per la maggior parte formato da colline (39,7%) e da montagne (38,7), mentre solo una piccola parte (21,6%) è pianeggiante.

Le Alpi, gli Appennini e le pianure

La parte sud della catena alpina appartiene quasi completamente al territorio italiano, la sua vetta più alta è il Monte Bianco (4.810 m). A sud-ovest le Alpi formano un grande arco che in Liguria si unisce agli Appennini. Queste montagne si estendono verso sud lungo tutta la penisola fino alla punta estrema della Calabria. La montagna più alta degli Appennini è il Gran Sasso d'Italia con i suoi 2.914 metri. Il sistema appenninico si estende anche alla Sicilia dove il monte più elevato è un vulcano attivo, l'Etna (3.323 m).

Con una superficie di circa 46.000 km² la pianura padano-veneta è la più grande d'Italia. E' percorsa dal fiume Po, dai suoi affluenti e da altri fiumi che sfociano direttamente nel Mar Adriatico. Altre pianure, anche se molto meno vaste della pianura padana, sono il Tavoliere delle Puglie, la piana di Metaponto, in Basilicata, e la piana di Catania.

Monte Bianco

paesaggio appenninico

Monte Cervino

Monte Etna

I fiumi

I maggiori fiumi italiani, sia per portata che per lunghezza, sono generalmente quelli che nascono dalle Alpi, perché attraversano zone dove sia in primavera, sia in autunno piove e nevica molto, mentre in estate ricevono acqua grazie ai ghiacci alpini che si sciolgono. I fiumi appenninici sono invece generalmente più corti e sono soprattutto dei torrenti, alternano cioè periodi in cui hanno poca acqua o restano senz'acqua durante l'estate, a periodi di piena quando le piogge sono abbondanti. Il fiume più lungo è il Po (652 km) seguito dall'Adige (410 km) e dal Tevere (405 km).

Fiume Adige

Fiume Tevere

Fiume Po

I laghi

In Italia ci sono più di mille laghi. I laghi alpini sono in genere piccoli e sono diffusi attorno ai 2.000 m. I principali laghi sono invece quelli delle Prealpi lombarde: il lago di Garda (370 km²), il lago Maggiore (212 km²) e il lago di Como (146 km²). Molti laghi dell'Italia centrale sono invece di origine vulcanica, come il lago di Bolsena (114 km²), Vico, Bracciano, Nemi e Albano. Un altro importante lago dell'Italia centrale è il Trasimeno (128 km²).

Lago di Como

Lago di Misurina

laghetto alpino

Lago di Carezza

Lago di Garda

l'Italia e le sue regioni

a nostra penisola è divisa in 20 regioni. Si tratta di una suddivisione amministrativa, cioè ogni regione, anche e dipende dalle leggi dello Stato italiano, ha una certa autonomia. A capo di ogni regione troviamo un residente e un consiglio regionale che elegge una giunta. La sede di questi organi è la città capoluogo di egione. Ogni regione è suddivisa in province e comuni.

comune (formato da una città, o paese, e dal territorio che la circonda) è l'ente iù piccolo. Capo del comune è il sindaco con la giunta comunale. Gli abitanti di ogni comune eleggono direttamente il loro sindaco ogni 4 anni.

La provincia comprende più comuni ed è governata dal presidente e dalla giunta provinciale. Sede della giunta è la città capoluogo di provincia. Un esempio: la Toscana è formata da nove province (le province di Massa, Lucca, Prato, Firenze, Arezzo, Siena, Grosseto, Pisa e Livorno). La città capoluogo di regione è Firenze.

Alcune regioni hanno uno statuto speciale, hanno cioè un grado di autonomia maggiore rispetto al potere centrale, cioè allo stato. Questa situazione è dovuta a particolari caratteristiche etniche, linguistiche o economiche. Le regioni che hanno questo tipo di statuto sono la Sicilia, la Sardegna, il Trentino-Alto Adige, il Friuli-Venezia Giulia e la Valle D'Aosta.

Esistono anche delle regioni particolari, cioè dei territori che si trovano all'interno delle regioni amministrative, ma che non hanno un loro governo, sono chiamate regioni geografiche. Si tratta di territori che si sono formati nel corso dei secoli e che hanno quindi radici storiche comuni e che sono uniti da fattori geografici ed economici. Tra queste troviamo la Maremma e la Garfagnana in Toscana, la Brianza in Lombardia, la Ciociaria nel Lazio, il Cilento in Campania, le Langhe e il Monferrato in Piemonte.

Le regioni e le province

Valle d'Aosta: Aosta

Piemonte: Torino, Vercelli, Novara, Cuneo, Asti, Alessandria, Biella, Verbano-Cusio-Ossola.

Lombardia: Milano, Varese, Como, Sondrio, Bergamo, Brescia, Pavia, Cremona, Mantova, Lecco, Lodi.

Trentino Alto Adige: Bolzano, Trento.

Veneto: Venezia, Vicenza, Belluno, Treviso, Verona, Padova, Rovigo.

Friuli Venezia Giulia: Trieste, Pordenone, Udine, Gorizia.

Liguria: Genova, Imperia, Savona, La Spezia.

Emilia Romagna: Bologna, Piacenza, Parma, Reggio Emilia, Modena, Ferrara, Ravenna, Forlì-Cesena, Rimini.

Toscana: Firenze, Massa Carrara, Lucca, Prato, Arezzo, Siena, Grosseto, Pisa, Livorno, Pistoia.

Umbria: Perugia, Terni.

Marche: Ancona, Pesaro e Urbino, Ascoli Piceno, Macerata.

Lazio: Roma, Viterbo, Rieti, Latina, Frosinone.

Abruzzo: L'Aquila, Teramo, Pescara, Chieti.

Molise: Campobasso, Isernia.

Campania: Napoli, Caserta, Benevento, Avellino, Salerno.

Puglia: Bari, Foggia, Taranto, Brindisi, Lecce.

Basilicata (Lucania): Potenza, Matera.

Calabria: Catanzaro, Reggio Calabria, Cosenza, Crotone, Vibo Valentia.

Sicilia: Palermo, Trapani, Messina, Agrigento, Caltanissetta, Enna, Catania, Ragusa, Siracusa.

Sardegna: Cagliari, Sassari, Nuoro, Oristano.

Un proverbio

Moglie e buoi dei paesi tuoi!

Questo proverbio di origine contadina consiglia, per avere un matrimonio felice, di sposare solo donne delle proprie parti (dello stesso paese, più in generale della stessa nazionalità).

le città

Roma

' la capitale d'Italia dal 1871 e con i suoi 2.653.245 di abitanti è la città più popolata del paese. La città
ntica, fondata dai latini nel secolo VIII a.C., è costruita su sette colli ed è attraversata dal fiume Tevere.

e all'inizio della sua storia Roma è stata la capitale di uno stato
i pastori, contadini e guerrieri è diventata con i secoli la capitale
i un impero, l'Impero Romano, che ha dominato parte dell'Europa
dei paesi bagnati dal Mar Mediterraneo.
'Impero Romano è durato più di mille anni e, al tempo
ell'Imperatore Augusto, Roma aveva più di un milione di abitanti.
on la caduta dell'Impero Romano d'occidente (476 d.C.)
nizia il declino della città e gli abitanti
iminuiscono notevolmente.

L'Impero romano nel 44 a.C.

L'Impero romano dal 98 al 117 d.C.

Roma rimane però la sede del papato e diviene quindi il centro più importante della religione cristiana.
Dobbiamo però aspettare fino al XIV e XV sec. per assistere di nuovo a una grande espansione della città.
n seguito Roma resta la capitale della Stato della Chiesa fino all'unità d'Italia.

milioni di turisti che ogni anni visitano Roma possono ancora ammirare, attraverso i suoi moltissimi
monumenti, le testimonianze della lunga storia della capitale.
Del periodo imperiale restano ancora molte testimonianze: l'anfiteatro fatto costruire dall'imperatore Flavio, più
conosciuto come il Colosseo (70-80 d.C.), i Fori Imperiali, ponti, vari acquedotti, terme, mura, teatri, ecc.

Fori Imperiali

Terme di Caracalla

Colosseo

Tantissime sono le chiese, i palazzi, le ville e le piazze costruiti nel corso dei secoli.

Palazzo Venezia
'400

Piazza Navona
'600

Chiesa di Santa Maria di Loreto
sec. XVI

Oggi Roma è la sede di tutti gli organi centrali dello Stato, delle ambasciate di tutto il mondo e di molte organizzazioni internazionali. Nel '900 è stato costruito il moderno quartiere dell'EUR dove si trovano molti uffici pubblici.

La città del cinema

Nel 1937 nascono gli stabilimenti cinematografici di Cinecittà e per molti anni rimangono il centro più importante del cinema italiano. Dopo la seconda guerra mondiale Cinecittà conosce un periodo di grosso successo anche internazionale, infatti molti registi stranieri vengono a Roma per girare i loro film. Oggi, anche se si preferisce girare i film in luoghi veri e non negli studi cinematografici, Cinecittà è ancora utilizzata da molti registi.

Città del Vaticano

Ha una superficie di soli 0,44 km^2 e una popolazione di circa 1.000 persone.
Dal 1929 il Vaticano è uno stato indipendente dall'Italia con a capo il Papa. Si tratta di un piccolo stato con una propria banca e un Istituto per le Opere Religiose che amministra i beni della chiesa e che finanzia le tante attività della Chiesa Cattolica nel mondo.
Centro della religione Cattolica, la Città del Vaticano è la meta ogni anno di milioni di pellegrini e turisti che vogliono ascoltare le parole del Papa, visitare i luoghi sacri e le grandi opere d'arte che si trovano all'interno della città.

Piazza San Pietro con la sua basilica che è la chiesa più grande della cristianità.
La cupola è stata progettata da Michelangelo mentre la piazza è circondata dal famoso colonnato progettato dall'architetto Bernini.

All'interno dei Palazzi Vaticani si trova la Cappella Sistina chiamata così dal nome del Papa Sisto IV che l'ha fatta costruire tra il 1475 e il 1481. Famosissimi gli affreschi del Pinturicchio, Perugino, Botticelli, Ghirlandaio e Michelangelo. La cappella è stata restaurata tra il 1980 e il 1990.

Il Giudizio Universale di Michelangelo. L'affresco è stato restaurato tra il 1989 e il 1994.

Milano

Nel capoluogo della Lombardia vivono 1.302.808 di persone. E' la città più europea d'Italia ed è il maggiore centro commerciale, industriale e finanziario del paese. Tutte le banche principali del paese hanno sede a Milano e la sua borsa valori è la più grande d'Italia.

E' la capitale dell'editoria e della cultura e molti tra i maggiori quotidiani nazionali hanno la propria sede in questa città. Cinque sono le università milanesi tra pubbliche e private: la Statale, la Cattolica, il Politecnico, la Bocconi e l'Istituto Universitario di Lingue Moderne (IULM). Il suo teatro, la Scala, è il maggiore teatro lirico del paese.

Il teatro della Scala (1778) è uno dei più famosi teatri lirici del mondo.

Un settore economico molto sviluppato in questa città è il terziario avanzato (il settore che si occupa dei servizi: marketing, pubblicità, servizi informatici alle imprese, ricerca e sviluppo, televisioni private).
Al Centro della città troviamo il Duomo (sec. XIV-XIX) e la Galleria Vittorio Emanuele II, che è il punto di incontro dei milanesi. Non lontano dal Duomo, in Via Montenapoleone, si trovano i negozi dei grandi stilisti di moda italiani e stranieri. Non bisogna infatti dimenticare che Milano è anche la capitale italiana della moda.

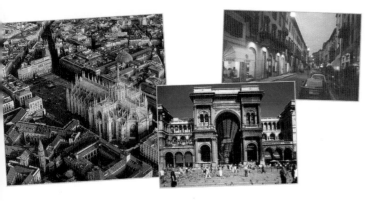

Nella chiesa di Santa Maria delle Grazie troviamo il famosissimo affresco di Leonardo, Il Cenacolo.

Il Cenacolo di Leonardo da Vinci (1494-1497) è rimasto chiuso al pubblico per un restauro durato molti anni e terminato nel 1999. Ora è di nuovo aperto al pubblico e lo si può di nuovo ammirare con i suoi colori originali.

Firenze

La bellissima città toscana, costruita sulle rive del fiume Arno, conta 379.687 abitanti.

Dell'origine romana rimangono solo i tracciati delle strade del centro, mentre meglio conservata è la Firenze medioevale anche solo poche delle 250 torri nobiliari sono oggi conservate. Ma è durante il Rinascimento che la città conosce il suo più grande sviluppo architettonico e artistico. Con la signoria dei Medici (1434-'94) Firenze diventa un centro culturale e politico di livello europeo in cui lavorano i principali artisti dell'epoca.

Con i suoi tantissimi monumenti l'intera città è un grande museo all'aperto. Tra i più famosi ricordiamo il Duomo del XIII-XIV secolo con la cupola del Brunelleschi, il Battistero (sec. XI) e il Campanile di Giotto, il Palazzo Vecchio con la loggia dei Lanzi (sec. XIV), il Palazzo degli Uffizi (1560), il Palazzo del Bargello (XIII), il Ponte Vecchio (sec. XIV). Tra le molte chiese ricordiamo Santa Croce (sec. XIII), Santa Maria Novella (sec. XIII-XIV).

Il più famoso museo della città e quello della Galleria degli Uffizi nel quale si possono ammirare molti grandi capolavori dell'arte italiana. Altri importanti musei sono la Galleria dell'Accademia, la Galleria d'Arte Moderna, la Galleria Pitti o Palatina e il museo di San Marco o dell'Angelico.

Il Ponte Vecchio

Il Duomo, la chiesa di Santa Maria del Fiore. L'enorme cupola del Brunelleschi è ancora og l'edificio più alto di Firenze

Piazza della Signoria con Palazzo Vecchio e la loggia dei Lanzi

La Firenze di oggi basa la sua economia soprattutto sul settore terziario con i vari servizi in funzione di un eccezionale turismo interno e internazionale. Molto attivi sono l'artigianato e il commercio.

La nascita di Venere (1486 circa) di Sandro Botticelli alla Galleria degli Uffizi

Venezia
(293.731 abitanti)

Questa città unica al mondo nasce nel V secolo dopo Cristo quando un gruppo di persone cerca rifugio sulle isolette della laguna per sfuggire ai longobardi.

Nasce così un piccolo villaggio di pescatori, Rivoalto, che diventerà nei secoli la più grande potenza marinara del Mediterraneo. E' nel X secolo che inizia il dominio commerciale di Venezia nel Mediterraneo. In seguito, nel XV secolo la Repubblica di Venezia, con a capo il *doge*, conquista territori anche in Italia e sulle coste della ex-Jugoslavia. La Serenissima (nome dato alla Repubblica), anche se nel corso dei secoli perde a poco a poco la sua importanza commerciale e politica nel Mediterraneo, rimane indipendente fino al 1797.

Venezia è costruita su 120 isolette che sono collegate da 400 ponti. Tutti i palazzi, le chiese e le antiche case sono costruiti sopra milioni di tronchi d'albero piantati sul fondo del mare. Le "strade d'acqua" più grandi si chiamano *canali*, mentre le più piccole sono i *rii*, in tutto sono 177. Le vie, di solito molto strette, si chiamano *calli*, mentre le piazze sono dette *campi* o *campielli*. Il canale più grande, che divide in due la città, è il Canal Grande, mentre la piazza più ampia è la famosa Piazza San Marco.

I mezzi di trasporto veneziani:
il vaporetto e la gondola.
...ne mezzo privato, la macchina è sostituita dai motoscafi
(piccole barche a motore)

Piazza San Marco

Il Canal Grande

L'antica ricchezza della città è testimoniata dalla bellezza delle sue costruzioni. Lungo il Canal Grande si possono ammirare i palazzi del '400: Ca' d'Oro, Contarini-Seriman e Correr. Del '500-'600 sono invece i palazzi: Rezzonico, Corner, Ca' Foscari (sede dell'Università), Mocenigo e Grimani. La chiesa di Santa Maria della Salute e la dogana di mare sono invece del XVII secolo.
In piazza San Marco troviamo la grande basilica dallo stesso nome (sec. IX), l'altissimo campanile e il Palazzo Ducale (sec. IX e XIV-XV) antica sede del *doge*.

Il Palazzo Ducale

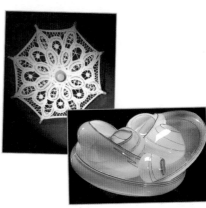

L'attività economica principale della città antica è il turismo, Venezia è visitata ogni anno da milioni di persone di ogni parte del mondo. Ma la vera importante attività industriale e commerciale si svolge a Marghera, con il suo porto, e a Mestre che sono diventate tra le più importanti città industriali italiane. Rimane comunque molto importante l'artigianato tipico di Venezia: i vetri artistici di Murano e la lavorazione dei merletti a Burano e Torcello.

Napoli
(1.035.835 abitanti)

La città più importante dell'Italia del sud si trova su un bellissimo golfo ai piedi del Vesuvio, vulcano ancora attivo.

Capitale del Regno di Napoli per quasi sei secoli è stata una delle più importanti città europee soprattutto nel '600 e '700. La sua espansione comincia con la dinastia francese degli Angioini (XII-XV secolo) e continua con la dinastia spagnola degli Aragonesi (XV-XVI secolo) e degli Asburgo di Spagna (XVI-XVIII). A partire dal 1840 inizia per Napoli una grave crisi economica che durerà per molto tempo anche dopo l'Unità d'Italia (1861). Agli inizi del '900 diventa molto importante l'attività commerciale del porto. L'attività industriale si sposta invece gradatamente nelle zone più interne. Negli ultimi decenni del 1900 inizia per Napoli una grande ristrutturazione con cui si cerca anche di rilanciare l'attività turistica che è sempre stata una fonte importante di ricchezza per la città.

Tra i più importanti monumenti della città ricordiamo il Castel Nuovo, chiamato anche il Maschio Angioino, costruito da Carlo I d'Angiò nel Duecento e ricostruito nel Quattrocento da Alfonso I d'Aragona e la chiesa di Santa Chiara con il suo famoso chiostro (XIV sec.),

Molto interessante è il Museo e Galleria Nazionale di Capodimonte (storia e arte napoletana).

Castel Nuovo

Castel dell'Ovo

Gli aspetti più affascinanti di Napoli sono, sia per i turisti che per i napoletani stessi, nello stesso tempo anche gli aspetti più negativi della città. La bellezza e la ricchezza dei suoi monumenti e delle vie del centro ricche di eleganti negozi, convivono con le caratteristiche strade povere e con una periferia tra le più brutte d'Italia. I vicoli di Napoli pieni di vita, con i panni stesi ad asciugare, con gli artigiani che lavorano in strada, con i suoi abitanti poveri ma felici, sempre pronti ad aiutare gli altri, a cantare e ad ammirare il mare, sono stati i protagonisti di tanti film italiani pronti a descrivere una città che probabilmente non è mai esistita.

Oggi, anche se questo tipo di vita sta scomparendo, fa ancora parte del folclore napoletano che nasconde però condizioni di vita molto difficili in cui è presente con una forte criminalità.

Intorno al Golfo di Napoli si trovano città e isole tra le più belle e famose d'Italia. A nord del golfo ci sono le isole di Procida e Ischia, quest'ultima è un'importante centro turistico e termale. A sud del Golfo troviamo invece la bellissima isola di Capri, uno dei maggiori centri turistici italiani.

Pompei

Capri

Non lontano da Napoli ci sono due dei centri <u>archeologici</u> più importanti del mondo: le antiche città romane di Pompei ed Ercolano. Una grossa eruzione del Vesuvio nel 79 d.C. ha <u>seppellito</u> queste due città. Gli <u>scavi</u>, iniziati nel '700, hanno riportato alla luce moltissime case con ricchi affreschi e vari oggetti della vita di tutti i giorni.

Torino
(914.818 abitanti)

Il secondo centro industriale italiano dopo Milano, Torino è conosciuta soprattutto come la città sede della più grande industria automobilistica italiana, la Fiat. Chiamata dai romani *Augusta Taurinorum*, la città ha ancora la caratteristica struttura a <u>scacchiera</u> delle città militari romane. Ma la storia di Torino è legata a quella della dinastia dei Savoia (i futuri re d'Italia) infatti è stata per circa 400 anni la capitale dello stato sabaudo (dei Savoia). La regione storico-geografica della Savoia è sempre stata culturalmente legata alla Francia e l'influenza francese si trova ancora nel dialetto piemontese, nella cucina e nell'architettura di Torino che assomiglia di più a certe città dell'Europa centro-settentrionale come Strasburgo e Lione, che alle altre città italiane. Il centro storico è in gran parte barocco (corrente artistica europea iniziata nel XVII secolo). In seguito Torino è stata la prima capitale del Regno d'Italia del 1861 al 1864.

Centro storico

Piazza Castello è il cuore della città dei monumenti, al suo centro troviamo Palazzo Madama, il castello medievale ricavato dalle vecchie porte romane e ristrutturato con l'aggiunta dell'imponente facciata settecentesca. Il Castello del Valentino, costruito nel 1630-60, si trova nel centro del bellissimo Parco del Valentino ed è stato residenza della corte.

La Mole Antonelliana, alta 167 metri, costruita tra il 1863 e il 1889, è la sede del nuovo Museo Nazionale del Cinema.

Piazza Castello

Castello del Valentino

Mole Antonelliana

La rapida industrializzazione della città inizia nel 1889 con la fondazione della Fiat da parte di Giovanni Agnelli. L'industria automobilistica richiama subito a Torino un gran numero di operai, specialmente dal sud dell'Italia, nel 1918 sono già più di 40.000. Ma è soprattutto negli anni '50 e '60 che gli arrivi nella città sono di circa 60.000 persone ogni anno. All'inizio ci sono stati grossi problemi per questi operai, mancavano infatti le abitazioni e i servizi per un così grande numero di emigrati. Da molti anni ormai l'emigrazione a Torino è notevolmente diminuita e molti emigrati sono tornati nelle loro città d'origine.

Il Gruppo Fiat controlla oggi più di 400 società in 60 paesi del mondo. E' diventata proprietaria di altre case automobilistiche italiane come l'Alfa Romeo, la Lancia, l'Autobianchi e la Ferrari. Possiede anche uno dei più prestigiosi quotidiani italiani, La Stampa di Torino e una delle più amate squadre di calcio, la Juventus.

Oggi l'economia torinese non si basa più solo sulla Fiat, molto importanti sono le industrie elettromeccaniche, tessili, dell'abbigliamento, alimentari. In grande espansione sono il settore delle tecnologia avanzata (robotica, aerospaziale e delle telecomunicazioni) e le attività finanziarie.

le case degli italiani

In Italia troviamo tanti tipi di abitazione. Le differenze sono dovute: 1 ai diversi periodi storici in cui le case sono state costruite; 2 alla diversa posizione geografica lungo la penisola; 3 alle diverse esigenze che hanno portato alla loro costruzione.

Le città italiane sono quasi tutte molto antiche e sono costruite intorno a un centro storico che mantiene, in moltissimi casi, la vecchia struttura medioevale o rinascimentale. Nei centri storici di molte città sono ancora tante le case costruite nei secoli scorsi e che sono ancora abitate. Nel corso degli anni molti di questi edifici antichi sono stati ristrutturati per adattarli alle esigenze della vita moderna e oggi un appartamento in queste case costa molto di più di un appartamento di nuova costruzione.

Le città si sono sviluppate soprattutto nel secolo scorso quando, a causa della forte industrializzazione, le persone hanno cominciato a lasciare le campagne e a trasferirsi in città. Sono così nate abitazioni sempre più moderne. Si tratta di palazzi con molti piani e tanti appartamenti.

Il palazzo moderno è chiamato anche condominio.

Questa parola indica che la proprietà dell'edificio è divisa tra i gli abitanti degli appartamenti. Molti degli appartamenti di un palazzo hanno un balcone.

Purtroppo nelle periferie di molte grandi città troviamo solo un grande numero di grossi condomini e mancano invece i servizi principali per gli abitanti, i supermercati e i negozi, le scuole e i luoghi di ritrovo come i bar e i cinema, gli uffici pubblici, la banche, ecc.

Fuori dalle città

Case a schiera: Si tratta di tante case singole unite in fila (per una sola famiglia), con entrate e giardini indipendenti.

La villa. Casa indipendente per una sola famiglia.

La casa colonica (casa di campagna). Le case coloniche ancora abitate dai contadini, per i quali erano state costruite, sono oggi molto meno rispetto al passato.

Sempre più spesso, chi ha i mezzi economici, compra una vecchia casa di campagna o di montagna e la ristruttura. Queste case sono usate come case dove passare le vacanze.

la famiglia

- Il numero delle nuove nascite è fra i più bassi del mondo con 1,19 figli per donna.

- Le famiglie formate da una sola persona sono il 21,3%.

- Le coppie senza figli sono il 19,6%.

(ISTAT, Rapporto annuale 1998)

Anche in Italia, come in quasi tutti i paesi dell'occidente industrializzato, la famiglia è molto cambiata in questi ultimi trent'anni. Le famiglie numerose tipiche di un paese agricolo, come è stata l'Italia fino agli anni '60, hanno lasciato il posto a famiglie molto piccole formate, sempre più spesso, dai genitori e da un solo figlio. Nella vecchia famiglia patriarcale si viveva tutti insieme sotto lo stesso tetto: nonni, figli e nipoti. Il capofamiglia il patriarca appunto, era sempre l'uomo più anziano. In questo tipo di famiglia era più facile avere molti figli, le donne si occupavano a tempo pieno dei bambini e della casa, ma anche quando le condizioni economiche le costringevano a lavorare, a casa c'era sempre una nonna, una zia o una figlia maggiore che poteva occuparsi dei più piccoli. La vita non era certo più facile di quella di oggi, spesso si viveva in estrema povertà, ma le esigenze di tutti, grandi e piccoli, non erano certo quelle della società attuale.

Nella società di oggi le condizioni di vita e i valori della società sono cambiati. Da una parte allevare i figli è diventato un impegno sempre più grande, sia dal punto di vista delle responsabilità che dal punto di vista economico, dall'altra, il lavoro per le donne ha acquistato maggiore importanza e così il tempo da dedicare alla famiglia si riduce sempre più. Il risultato di questa situazione è che l'Italia si trova tra i paesi dove nascono meno bambini. Nella coppia è ancora la donna a occuparsi dei lavori domestici e della cura dei figli, anche se l'impegno degli uomini sta lentamente aumentando.

Per i bambini più piccoli (0-2 anni) tra **i padri che vivono con una donna che lavora** il:

- **40%** dà da mangiare ai figli tutti i giorni, li veste e cambia il pannolino.

- **30%** mette a letto i figli.

- **11%** fa il bagno ai figli.

(ISTAT, Rapporto annuale 1998)

Il ritratto della famiglia italiana di oggi, anche se sempre più piccola, conserva comunque molte caratteristiche del vecchio modello. Il legame tra i suoi componenti rimane molto forte, gli italiani sono sempre pronti ad aiutare figli e parenti nel lavoro, nelle difficoltà personali ed economiche. Almeno una volta al giorno è ancora quasi un obbligo ritrovarsi tutti riuniti a tavola e, in occasione delle feste importanti, anche i parenti che vivono lontano si riuniscono per trascorrere insieme un po' di tempo.

Tra i figli sposati il:

- **65%** va a trovare la madre almeno una volta alla settimana.

- **44,2%** incontra il padre una volta alla settimana.

(ISTAT, Rapporto annuale 1998)

Un altro fenomeno non recente, ma in costante aumento, sono i figli ormai grandi, anche di trent'anni, che vivono ancora con i genitori. In Italia, a differenza di altri paesi, da sempre i giovani lasciano la famiglia tardi. Quando è possibile frequentano l'università nella stessa città dove vivono e, anche se lavorano, continuano a stare in famiglia fino al matrimonio. Le ragioni di questa scelta sono tante, per molti è un problema soprattutto economico, specialmente in questi ultimi anni in cui la <u>disoccupazione</u> giovanile è molto forte e in cui il costo della vita è sempre più alto.

Queste ragioni spiegano solo in parte il fenomeno, i giovani italiani, intervistati su questo argomento, affermano di stare bene a casa con i genitori, apprezzano la comodità di non doversi occupare di una casa propria, dicono di avere un buon rapporto con i genitori e di non sentirsi per niente degli <u>immaturi</u>.

I giovani tra i 18 e 34 anni non sposati che vivono con i genitori sono passati dal 51,8% del 1990 al 58,8% nel 1998.

• tra i 20 e 24 anni: 88,3%

• tra i 25 e 29 anni: 59,3%

• tra i 30 e 34 anni: 21,8%

(ISTAT, Rapporto annuale 1998)

Se il tradizionale matrimonio religioso rimane quello preferito dagli italiani, dagli anni '60 in poi c'è stato un costante aumento dei matrimoni con rito civile che sono passati dall'1,6% al 21%. In aumento sono anche le "coppie di fatto", cioè le coppie che vivono insieme senza essere sposate. Non esistono ancora leggi per questo nuovo tipo di coppia. Ultimamente gli ambienti cattolici, soprattutto il Vaticano e il Papa, hanno rifiutato di riconoscere ufficialmente questo tipo di convivenza.

La legge che permette il divorzio è stata introdotta nel 1972.

Un proverbio

Tengo famiglia!!

L'espressione "tenere famiglia" (avere una famiglia da <u>mantenere</u>) riassume molte caratteristiche, sia positive che negative del popolo italiano. Da una parte questo modo di dire si riferisce al fatto che è giusto <u>favorire</u> (per esempio, nella ricerca di un lavoro) chi deve occuparsi di tutta la famiglia. Dall'altra, dietro all'affermazione "tenere famiglia", si nascondono spesso persone che non hanno per niente bisogno di aiuto. Ma, siccome in Italia la famiglia resta uno dei valori più importanti, spesso molte azioni, anche <u>illegali</u> sono accettate se si fanno per aiutare la famiglia.

la cucina italiana

Per gli italiani mangiare non è un semplice bisogno, ma è uno dei più grandi piaceri della vita.
Anche se i ritmi di lavoro e lo stile di vita stanno cambiando anche alcune abitudini alimentari, molti italiani trovano ancora il tempo per preparare un piatto con cura, per ritrovarsi a tavola davanti a un buon pasto con parenti e amici. Anche parlare di cibo è uno degli argomenti di discussione preferiti dagli italiani.
Ne parlano molto spesso, in ogni occasione, uomini e donne, giovani e vecchi. Per un italiano parlare di cucina è parlare della propria identità, della propria cultura. Non è un caso che uno dei libri che ha maggiormente contribuito alla diffusione dell'italiano come lingua nazionale unitaria sia stato un libro di cucina:
La scienza in cucina e l'arte di mangiar bene di Pellegrino Artusi pubblicato a Firenze nel 1891.

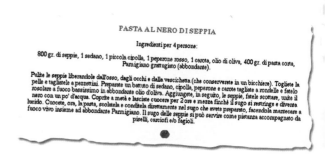

PASTA AL NERO DI SEPPIA

Ingredienti per 4 persone:

800 gr. di seppie, 1 sedano, 1 piccola cipolla, 1 peperone rosso, 1 carota, olio di oliva, 400 gr. di pasta corta, Parmigiano grattugiato (abbondante).

Pulite le seppie liberandole dall'osso, dagli occhi e dalla vescichetta (che conserverete in un bicchiere). Togliete la pelle e tagliatele a pezzettini. Preparate un battuto di sedano, cipolla, peperone e carote tagliate a rondelle e fatelo rosolare a fuoco bassissimo in abbondante olio d'oliva. Aggiungete, in seguito, le seppie, fatele scottare, unite il nero con un po' d'acqua. Coprite a metà e lasciate cuocere per 2 ore e mezza finché il sugo si restringe e diventa lucido. Cuocete, ora, la pasta, scolatela e conditela direttamente nel sugo che avete preparato, facendola mantecare a fuoco vivo insieme ad abbondante Parmigiano. Il sugo delle seppie si può servire come pietanza accompagnato da piselli, carciofi e/o fagioli.

Tutti scrivono di cucina, troviamo giornalisti, politici, cantanti, <u>suore, frati</u>, attori, manager e calciatori che pubblicano libri di cucina e tutti i giornali dedicano anche solo un piccolo spazio alle ricette.

Saper cucinare in Italia è considerata un'arte come saper scrivere, dipingere o suonare uno strumento musicale.
Gli italiani sono molto orgogliosi della propria cucina e quasi sempre, quando vanno all'estero, sono <u>scontenti</u> del cibo e difficilmente si adattano a un'altra cucina.

Anche se la cucina italiana è molto famosa in tutto il mondo, è sempre una piacevole sorpresa per uno straniero che arriva in Italia trovare una grande varietà di piatti e di prodotti tipici che sono ancora sconosciuti all'estero.
Ogni regione, spesso ogni città, ha la propria cucina, le proprie ricette, che mantengono tradizioni antiche.
Quali sono le ragioni principali che hanno reso possibile una tradizione culinaria così ricca?
Prima di tutto un clima molto diversificato come quello italiano permette la coltivazione di una grande varietà di prodotti della terra. E' infatti molto facile, quasi in ogni stagione, trovare i prodotti e gli ingredienti freschi per preparare i piatti più diversi.
Non bisogna poi dimenticare le <u>vicende storiche</u> del nostro paese che hanno mantenuto separate le varie parti d'Italia fino a tempi abbastanza recenti. Questa situazione ha senza dubbio permesso alle diverse tradizioni regionali di arrivare fino ai nostri giorni senza grossi cambiamenti.

n questi ultimi anni un problema molto sentito da tutti è quello di riuscire a mantenere in vita le centinaia di rodotti tipici che rischiano di sparire dalle nostre tavole. Da una parte, le <u>norme igieniche</u> strettissime dettate alla Unione Europea per la preparazione e la conservazione dei cibi, mettono fuori legge quei prodotti reparati seguendo le tecniche più antiche (senza questi modi di preparazione è impossibile avere una buona ualità del prodotto). Dall'altra è sempre più difficile trovare le persone, giovani soprattutto, che vogliano mparare i vari mestieri legati alla preparazione dei nostri prodotti più tipici.

a dieta mediterranea

n tutto il mondo si parla ormai da anni della famosa cucina mediterranea come di una abitudine alimentare he fa bene alla salute. Questa cucina è soprattutto quella dell'Italia del Sud e dei paesi che si affacciano sul Mar Mediterraneo. Il <u>condimento</u> principale di questa dieta è l'olio di oliva usato al posto del burro, infatti iversi studi scientifici hanno sottolineato le proprietà <u>benefiche</u> per la salute di questo alimento. I medici ncoraggiano il consumo di pasta, verdura e frutta fresche, legumi (<u>fagioli, lenticchie, ceci</u>, ecc.) e <u>cereali</u>, tutti limenti che contengono le proteine necessarie per una vita sana e che aiutano anche a tenere lontane alcune malattie. Si consiglia anche di mangiare meno carne e di aumentare invece il consumo di pesce.

fagioli   lenticchie   ceci

Il grano, il riso, l'orzo e il mais (granoturco) sono cereali.

Curiosità e consigli per gli stranieri

La pasta: Una regola da non dimenticare mai e che bisogna seguire per tutti i tipi di pasta è la <u>cottura</u> *"al dente"*, cioè la cottura al punto giusto che, spiegata a uno straniero, significa non cuocere troppo la pasta, meglio seguire sempre le indicazioni sulla <u>confezione</u>!

pasta all'uovo

farfalle

La confezione è il pacchetto o la scatola che contiene la pasta.

fusilli

Le **paste** sono invece dolci di piccole dimensioni e di diversi tipi che si possono acquistare nelle pasticcerie.

Le lasagne: usate questa parola sempre al plurale. Le lasagne sono strisce larghe di pasta all'uovo disposte a strati e condite con ragù di carne, besciamella e parmigiano. Si cucinano nel forno.

Il risotto: non si tratta di semplice riso <u>bollito</u>, ma di un primo piatto completo. Esistono molti tipi di risotto a seconda degli ingredienti che lo accompagnano. La preparazione è però la stessa per ogni risotto, il riso viene bollito nel brodo di carne che va aggiunto poco alla volta fino a che il riso è cotto.

La regina delle pizze: la famosa pizza margherita deve il suo nome alla Regina Margherita; infatti, alla fine dell'800, i pizzaioli napoletani, in onore della regina, hanno chiamato così la pizza con i colori dell'allora Regno d'Italia: il bianco della mozzarella, il rosso del pomodoro e il verde del basilico.

Il cappuccino: al ristorante non ordinate mai un cappuccino a fine pasto. Più indicato è un caffè o un liquore <u>digestivo</u> (a base di alcol e erbe), spesso ogni regione ha il suo digestivo, chiedete consiglio al cameriere.

Il caffè: prima di tutto in Italia caffè è sinonimo di espresso. Quando ordinate un caffè al bar di solito vi daranno un *caffè ristretto*, cioè fatto con pochissima acqua. Se lo desiderate leggermente più abbondante chiedete un *caffè lungo* o *alto*, la vostra tazzina sarà *quasi* piena. Potete chiedere anche un *caffè corretto* cioè con l'aggiunta di un liquore: grappa, brandy o un altro a vostra scelta. Il *caffè macchiato* è invece un espresso con l'aggiunta di un poco di latte, caldo o freddo, come preferite.

Il pane: anche se gli italiani di oggi, sempre attenti alla dieta, cercano di mangiarne sempre meno, il pane non può mai mancare sulla tavola. Il pane deve essere fresco di giornata e può accompagnare benissimo quasi ogni piatto, dalla carne al pesce alle verdure. Anche i tipi di pane italiano, come la pasta, sono praticamente infiniti.

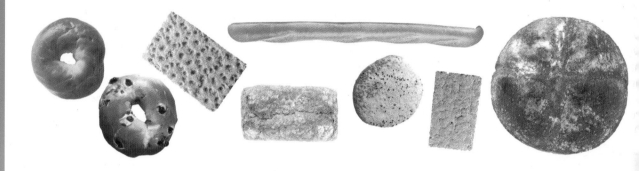

La scarpetta: se al ristorante vi capita di vedere un italiano che con un pezzo di pane raccoglie il sugo rimasto nel piatto non stupitevi, sta facendo la scarpetta. Un consiglio: fate come lui, non smetterete più!

Proverbi e modi di dire

Mangia a ufo!

Questo vecchio modo di dire non significa che agli italiani piace mangiarsi un "oggetto volante non identificato" ma significa semplicemente mangiare senza pagare, senza partecipare alle spese.

le feste

Natale

'senza dubbio la festa religiosa più sentita dagli italiani. Il giorno di Natale si passa da sempre in famiglia
i parenti si scambiano auguri e regali. Una volta in molte case si faceva il presepe, oggi molti preferiscono
albero di natale, un'usanza a che abbiamo preso dai paesi del Nord Europa. Oggi, i bambini, la notte di natale
ispettano i regali di Babbo Natale mentre una volta chi portava i regali era Gesù Bambino.
Molte persone la notte della vigilia di natale vanno ancora alla tradizionale Messa di Mezzanotte.
Ma il momento più importante resta senza dubbio il pranzo di Natale. Quasi ogni regione ha un diverso menù
natalizio, in generale al Nord si mangia più carne, mentre al Sud si cucina di più il pesce. Il dolce di Natale che con gli
nni è diventato il più famoso in tutta la penisola è il panettone, anche se le sua città d'origine è Milano.
panettone tradizionale è fatto con farina, uova, burro, zucchero, uvetta e canditi. Oggi si possono trovare
ersioni più moderne con cioccolato, creme di ogni tipo o gelato.
Altri dolci tipicamente natalizi sono il pandoro, originario di Verona e il torrone.

Il proverbio:
Natale con i tuoi, Pasqua
con chi vuoi
Questo antico modo di dire
ci ricorda l'importanza di
passare le feste natalizie in
famiglia, mentre si è liberi
di trascorrere le festività di
Pasqua anche lontano
dalla famiglia.

IL NATALE NELLA RELIGIONE

il 25 dicembre si festeggia la nascita di Gesù Cristo, il figlio di Dio. Nella religione
cristiana Dio ha mandato sulla terra suio figlio che ha sacrificato la sua vita per
salvare gli uomini dal peccato.

'Epifania

6 gennaio, giorno dell'Epifania, è la festività che tradizionalmente chiude la serie delle vacanze natalizie. Le
scuole italiane infatti chiudono il 23 dicembre e si torna a scuola il 7 gennaio. Anche l'Epifania è un'occasione
per scambiarsi regali. Sono soprattutto i bambini che aspettano l'arrivo della Befana. Secondo la tradizione la
Befana è una vecchia che scende dai camini delle case per lasciare i regali ai bambini in una vecchia calza.

L'EPIFANIA NELLA RELIGIONE

Secondo la tradizione cristiana il 6 gennaio si ricorda la visita dei Re Magi (re che
venivano dall'Oriente) a Gesù neonato in una grotta di Betlemme.

La Pasqua

Il giorno dedicato alla Pasqua, che ci ricorda la morte e la resurrezione di Cristo, non ha una data fissa, deve comunque essere una domenica tra il 22 marzo e il 25 aprile. Normalmente le vacanze scolastiche pasquali durano una settimana. Se il Natale si trascorre in famiglia, quasi sempre a casa, la Pasqua può essere invece un'occasione per trascorrere qualche giorno fuori città. Tradizionale è la gita in campagna, al mare o in montagna del lunedì dopo Pasqua (Pasquetta). Un regalo tipicamente pasquale per i bambini è l'uovo di Pasqua rigorosamente di cioccolato che contiene un regalo, la sorpresa.

> ### LA PASQUA NELLA RELIGIONE
>
> I cristiani ricordano a Pasqua la morte e la resurrezione di Cristo. Dopo essere morto sulla croce, secondo la tradizione, Gesù è risorto (tornato a vivere) ed è salito al cielo per riunirsi a Dio, suo padre.

Ognissanti

Il primo novembre si festeggiano tutti i santi della chiesa cristiana, mentre il 2 novembre è il giorno dedicato al ricordo dei morti. E' tradizione andare al cimitero a portare fiori sulle tombe delle persone care.

Il Ferragosto

Il 15 agosto è giorno di vacanza per tutti anche per chi è rimasto in città a lavorare. Le città, già vuote per le vacanze estive, diventano quasi deserte: negozi, molti bar e ristoranti e gli uffici pubblici restano chiusi. Anche in questo caso si tratta di una festa di origine religiosa, l'Assunzione in cui si ricorda la salita (ascesa, assunzione) al cielo della Madonna.

Il carnevale

Il carnevale ha tradizioni antichissime e, come anche molte feste cristiane, ha origini pagane. Non è la festa di un solo giorno ma indica il periodo di tempo che va dall'Epifania all'inizio della quaresima. I giorni però in cui si festeggia veramente sono quelli tra il giovedì e il martedì di febbraio che vengono prima dell'inizio della quaresima. In questi giorni si tengono feste in maschera e sfilate di carri allegorici, si possono fare scherzi ad amici e si cucinano piatti (soprattutto dolci) ricchi e gustosi.

In Italia sono molto famosi il carnevale di Venezia e di Viareggio, ma anche in molte altre città è possibile partecipare a feste organizzate per questa occasione.

Questo proverbio indica che durante il periodo di carnevale è possibile fare scherzi o avere comportamenti diversi da quelli di altri periodi dell'anno. Naturalmente si usa anche quando non è carnevale per giustificare gli scherzi.

Il proverbio:
A carnevale ogni scherzo vale.

25 aprile

In questo giorno, festa nazionale, si festeggia la liberazione dall'occupazione dei nazisti da parte dell'esercito degli alleati. Durante la seconda guerra mondiale, nel luglio del 1943 i primi alleati arrivano, via mare, nell'Italia del Sud, pochi giorno dopo il governo fascista di Mussolini cade e l'Italia viene occupata dall'esercito tedesco di Hitler. La liberazione di tutta la penisola sarà lenta e difficile e finirà il 25 aprile 1945.

Il primo maggio

Il 1° maggio è la Festa dei Lavoratori. I sindacati organizzano manifestazioni e sfilate in molte città italiane. E' un'occasione per parlare delle condizioni di lavoro, soprattutto dei lavoratori meno ricchi, per mettere in evidenza i problemi e discutere delle possibilità di miglioramento delle condizioni lavorative.

Le feste popolari

Spesso anche le feste popolari hanno origini religiose. Ogni città e ogni paese italiano ha il proprio Santo Patrono al quale dedica una giornata di festa. In alcune località si usa ancora portare la statua del Santo in processione. Si festeggia spesso con la musica di una banda musicale, si organizza un mercato dove si possono acquistare vari tipi di prodotti dell'artigianato locale tra cui le specialità gastronomiche regionali.
Altre feste di paese (chiamate anche fiere o sagre) hanno invece origine contadina, sono cioè legate ai vari prodotti della terra tipici delle diverse località. Così, nelle diverse stagioni dell'anno, è possibile partecipare alle feste dell'uva, della castagna, dei funghi, ecc. In autunno, per esempio, troviamo ad Alba in Piemonte la festa del tartufo bianco, molto pregiato e ormai conosciuto anche fuori dall'Italia.

Una festa di origini medioevali è il palio. Il più famoso è senz'altro il Palio di Siena che si svolge fin dal XIII secolo. Si tratta di una corsa alla quale partecipano 10 cavalli con i rispettivi fantini.
Ogni cavallo rappresenta una contrada della città. Una delle particolarità di questo Palio è che possono vincere anche i cavalli da soli senza fantino.

le donne protagoniste del cambiamento

le donne protagoniste del cambiamento

Il cammino delle donne italiane verso il nuovo millennio non è stato facile. L'Italia è da sempre un paese fortemente maschilista e questo tipo di cultura è stato, ed è ancora, molto difficile da combattere. Il maschio italiano resta generalmente pigro nelle faccende domestiche, anche se sono sempre di più i padri che si occupano dei figli anche piccoli.

Nel nostro paese fino a pochissimi anni fa la parola donna era sinonimo di madre e tutti conoscono sicuramente i tanti stereotipi sulla "mamma italiana".

Di MAMMA ce n'è una sola!!

Il mondo ristretto di tante donne, non solo italiane, è stato per anni diviso tra quattro C: *Culla*, *Casa*, *Cucina* e *Chiesa*.

Oggi, anche se il modo di pensare e di agire del tipico maschio italiano è molto difficile da cambiare, la condizione delle donne nella nostra società è sicuramente molto migliorata. Restano purtroppo ancora alcuni fenomeni di costume che stupiscono soprattutto molti stranieri e straniere. Esistono ancora settimanali di attualità e cultura, di grande importanza nazionale, come l'Espresso e Panorama, che ancora pubblicano copertine con giovani donne spesso quasi nude.

Anche la pubblicità, nel nostro paese, non rispetta assolutamente la dignità della donna; sono ancora comunissime le pubblicità (sia sulla carta stampata che in televisione) che presentano donne seminude che pubblicizzano i prodotti più diversi.

Un numero veramente troppo grande di trasmissioni televisive, sia della rete pubblica che privata, non esitano a presentare donne che indossano vestiti quasi inesistenti e la partecipazione femminile a questi programmi si riduce unicamente a un'occasione di voyeurismo maschile.

Dati recenti sulla situazione delle donne

Un capitolo di un recente Rapporto Annuale dell'ISTAT, del 1998 inizia più o meno così: "Le giovani donne sono protagoniste dei cambiamenti delle famiglie e dei rapporti al loro interno, non solo perché scelgono di lasciare la famiglia ad un'età più avanzata, ma anche perché scelgono di studiare a lungo e desiderano avere un lavoro."

Tra le ragazze di 20-24 anni il numero di studentesse che vive con i genitori è passato dal 19,6% a ben il 33% negli ultimi otto anni. Il crescente livello di istruzione femminile si esprime anche nella crescita di coppie in cui la donna (fino a 34 anni) ha un titolo di studio più alto del partner (dal 23,5% al 26,1%), un fenomeno che riguarda tutte le zone del paese.

La maggiore presenza di donne sul mercato del lavoro si riflette invece sul numero di coppie con entrambi i partner occupati che passano dal 28,6% al 29,5%; l'effetto è più evidente fra le coppie in cui la donna ha un'età tra i 35-44 (dove si passa dal 46,7% al 49,7%).

La scelta delle donne, giovani e adulte, si allontana sempre più frequentemente dal modello tradizionale di "casalinga, moglie e madre". A questo proposito osserviamo come, dal 1990 al 1998, è cambiata la situazione:

Donne casalinghe, mogli e madri		
	1990	**1998**
Donne tra i 25-29 anni	27,5%	15,3%
Donne tra i 30-34 anni	36,6%	28,1%
Donne tra i 35-44 anni	40%	28,1%
Donne tra i 45-54 anni	45,4%	39%

È interessante sottolineare che queste trasformazioni incidono anche sulle caratteristiche delle madri che hanno figli piccoli: solo per fare un esempio, le donne che hanno almeno un bimbo tra 0 e 2 anni sono più spesso occupate che casalinghe (47,4% contro 42,8%) e nel Nord le madri occupate con figli di questa età raggiungono addirittura il 63,1%.

Tra dieci anni le donne adulte avranno un titolo di studio sempre più elevato rispetto alle generazioni precedenti; e questo influenzerà certamente il complesso delle forme e relazioni familiari.

(dati da: ISTAT - RAPPORTO ANNUALE 1998, cap. 5. Famiglia, generazioni e tessuto relazionale, pag.269)

Proverbi e modi di dire

Chi dice donna dice danno!

la lingua e i dialetti

L'origine dell'italiano

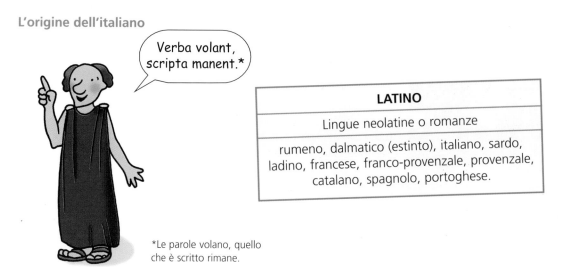

Verba volant, scripta manent.*

LATINO
Lingue neolatine o romanze
rumeno, dalmatico (estinto), italiano, sardo, ladino, francese, franco-provenzale, provenzale, catalano, spagnolo, portoghese.

*Le parole volano, quello che è scritto rimane.

All'origine delle lingue romanze non c'è il latino classico, la lingua della cultura scritta, ma il latino parlato, il latino comune usato nella vita di tutti i giorni. A differenza della lingua scritta, il latino parlato aveva caratteristiche diverse a seconda delle epoche, della provenienza e della classe sociale di chi lo parlava. E' da questa realtà linguistica che si sono formate le lingue neolatine e tra queste l'italiano, o meglio, i vari dialetti italiani.

Per molti secoli in Italia non è esistita una lingua parlata uguale per tutti gli italiani che hanno continuato a comunicare attraverso i dialetti. La distinzione tra "le lingue" della comunicazione quotidiana e la lingua colta, soprattutto letteraria, è una divisione che accompagna la storia dell'italiano quasi fino ai nostri giorni.

Si può parlare di una lingua letteraria unitaria già dal XIV secolo quando, per opera dei tre grandi scrittori toscani, Dante, Petrarca e Boccaccio, il dialetto fiorentino viene usato come lingua letteraria italiana. L'unificazione della nostra lingua è avvenuta quindi a livello culturale, questo significa che è rimasta per secoli accessibile a pochi, alle classi colte, e usata quasi esclusivamente in letteratura. Per capire come questo sia potuto avvenire bisogna ricordare che il nostro paese si è unificato politicamente solo nella seconda metà del XIX secolo, nel 1861 e che fino a quel momento l'Italia era un insieme di piccoli stati, alcuni sotto il potere di paesi stranieri e comunque spesso in guerra tra di loro.

L'Italia è fatta! Adesso bisogna fare gli italiani

Che lingua parla?

Non capisco! Deve essere straniero!

E' quindi mancato un potere politico centrale che imponesse una lingua unica come mezzo di comunicazione.

E' dopo l'unità politica che lentamente l'italiano parlato in Toscana e dalle persone colte nel resto del paese, comincia a diffondersi su tutto il territorio nazionale. Questo avviene per diversi motivi, tra i quali:

1- l'insegnamento scolastico diventa obbligatorio e lentamente il grado di <u>analfabetismo</u> passa dal 75% del 1861 al 35% del 1911;
2- iniziano le emigrazioni interne degli italiani alla ricerca di lavoro. Dalle campagne alle città, ma anche da regione a regione;
3- il servizio militare obbligatorio costringe i giovani a spostarsi da una regione all'altra;
4- la graduale diffusione dei mezzi di comunicazione, i giornali prima e poi la radio e la televisione.

Da una statistica degli anni '50 sappiamo che gli italiani che parlavano i dialetti erano ancora 27 milioni, e che solo il 19% della popolazione parlava abitualmente italiano.
Nel 1954 comincia a trasmettere la televisione che è stata definita "la scuola di italiano più diffusa". Nel giro di pochi anni si passa quindi dai dialetti ai "dialetti regionali" e poi a un "italiano regionale" che tende sempre di più ad avvicinarsi a un "italiano standard" comune a tutta la popolazione.

I dialetti e le isole linguistiche

I dialetti, le "lingue" particolari delle varie zone della penisola, parlati dalla maggioranza degli italiani fino a tempi recenti, sono parlati oggi da un numero sempre minore di persone.

In Italia vivono anche gruppi etnici di diversi che parlano 11 lingue diverse:
- provenzale
- franco-provenzale
- tedesco
- sloveno
- serbo-croato
- catalano
- albanese
- greco
- sardo
- ladino
- friulano

Proverbi e modi dire

Val* più la pratica che la grammatica.

*è più importante.

l'informazione

La televisione

Le trasmissioni televisive, dopo un periodo di sperimentazione nei primi anni '50, sono iniziate a livello nazionale nel 1954. Fino ai primi anni '70 l'unica <u>emittente</u> televisiva è la RAI (Radio Audiovisione Italiana) di proprietà dello Stato. Attualmente la Rai possiede tre canali nazionali: Rai 1, Rai 2 e Rai 3. La Rai possiede anche tre canali che trasmettono via satellite, RAI SAT, creati soprattutto per i tanti italiani che vivono e lavorano in tutto il mondo.

Dalla metà degli anni '70 iniziano a trasmettere un numero sempre più grande di emittenti televisive di proprietà dei privati. A livello nazionale le televisioni più importanti sono:

- Canale 5, Rete 4 e Italia 1 che appartengono tutte a una società, la Finivest, che fa capo all'industriale e uomo politico (fondatore di Forza Italia) Silvio Berlusconi.
- Telemontecarlo1 e Telemontecarlo 2.
- Rete A.
- MTV che trasmette 24 ore di musica e di programmi musicali per i giovani.

Tantissime sono invece le televisioni che trasmettono solo in <u>ambito</u> <u>locale</u> e che si occupano principalmente di fornire le informazioni riguardanti le varie città e regioni.

Negli anni '90 si sono diffuse anche le televisioni a pagamento che trasmettono soprattutto film e avvenimenti sportivi, principalmente il calcio.

La televisione offre ai telespettatori una grande varietà di programmi in ogni momento della giornata. Moltissimi sono i <u>telegiornali</u>, i film, i <u>programmi di intrattenimento</u> e i documentari.

La radio

La RAI possiede anche tre stazioni radio. Radio 1 è dedicata principalmente all'informazione, Radio 2 trasmette programmi di intrattenimento mentre Radio 3 trasmette soprattutto musica classica, operistica e jazz, molti sono i programmi culturali che parlano di letteratura, scienza, sociologia, cinema.
Numerosissime sono invece le emittenti radiofoniche private sia nazionali che locali. Si occupano principalmente di informazione, musica leggera italiana e straniera.

Internet

Gli italiani collegati alla rete sono in costante aumento. Da poco tempo anche nel nostro paese è possibile avere il collegamento a Internet gratis, si paga cioè solo il costo del telefono.
Esistono vari motori di ricerca italiani tra i quali ricordiamo: *Arianna* (www.arianna.it) *Virgilio* (www.virgilio.it), *Ragno italiano* (http://ragno.plugit.net), *Il trovatore* (www.iltrovatore.it)

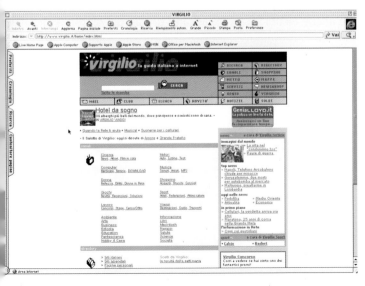

I quotidiani

In Italia si stampano circa un centinaio di quotidiani tra nazionali e locali (cittadini e regionali). Nonostante questa cifra, l'Italia è tristemente nota come uno dei paesi europei in cui si leggono meno giornali. Ma i buoni quotidiani non mancano e hanno tradizioni antiche e consolidate. I più letti attualmente sono *Il Corriere della sera* di Milano e *la Repubblica* di Roma, seguiti da *La Stampa* di Torino e *Il Messaggero* di Roma.

Un quotidiano molto prestigioso è *Il Sole 24 Ore* di Milano che si occupa esclusivamente di economia e finanza.

In Italia, paese in cui il calcio è lo sport più amato e seguito, non possono mancare i quotidiani sportivi, ne esistono addirittura tre e sono molto letti: *La Gazzetta dello Sport, Tuttosport, Il Corriere dello Sport-Stadio*. Naturalmente lo spazio maggiore è dedicato al calcio seguito dalle gare automobilistiche di Formula Uno, dalla pallacanestro, dalla pallavolo, ecc.

Molto venduti sono anche i quotidiani locali che, oltre alle informazioni di carattere nazionale, si occupano di cronaca, politica e costume locale. A Firenze troviamo *La Nazione*, a Verona *L'Arena*, in Sardegna *La Nuova Sardegna* e *L'unione Sarda*, a Venezia *Il Gazzettino*, *Il Secolo XIX* a Genova, in Sicilia *La Gazzetta del Sud* e *Il Giornale di Sicilia*, ecc.

Nel vasto panorama dei quotidiani troviamo anche i giornali chiamati "organi di partito". Sono dei veri quotidiani, a diffusione nazionale, di proprietà di alcuni partiti politici. In anni recenti le vendite di queste testate sono in costante diminuzione.

Anche il Vaticano possiede un quotidiano organo ufficiale, è *L'Osservatore Romano*, tradotto in varie lingue oltre all'italiano e diffuso in diversi paesi.

Ormai tutti i quotidiani nazionali, ma recentemente anche alcuni locali, affiancano quasi ogni giorno al giornale anche pubblicazioni su vari argomenti. In alcuni casi il prezzo rimane lo stesso, in altri casi c'è un piccolo aumento del prezzo. Spesso il quotidiano è accompagnato ogni giorno della settimana da un giornale diverso per argomento di interesse, dall'attualità alla salute, dall'economia al lavoro, dalla musica ai viaggi, dal computer ai programmi televisivi.

Le edicole di oggi stanno diventando sempre più simili a veri e propri negozi in cui, con il giornale, ma spesso anche senza, si possono acquistare CD musicali, CD-Rom, DVD, videocassette (film, documentari, cartoni animati, film pornografici, ecc.), libri di vari argomenti, corsi di lingue straniere, corsi di cucina ed enciclopedie di vario tipo.

Le riviste

Per riviste si intendono quelle pubblicazioni, soprattutto settimanali e mensili, che si occupano di argomenti specifici e che sono rivolte a un tipo particolare di pubblico.
Tra i principali settimanali che si occupano di "politica, cultura e economia" troviamo *L'Espresso* e *Panorama*.

Altri settimanali che si occupano di attualità e di costume, ma di carattere più "popolare", sono Oggi e Gente. Troviamo poi un grande numero di settimanali "scandalistici" che ci informano sulla vita privata di personaggi famosi soprattutto del campo dello spettacolo. In questi ultimi anni abbiamo visto un aumento di questo tipo di giornali che imitano modelli simili stranieri. (*Vip*, *Chi*, *Novella 2000*, *Eva 3000*, ecc.)
Non mancano le riviste femminili, ma alcune anche maschili, dedicate soprattutto alla moda e alla bellezza, (*Anna*, *Gioia*, *Grazia*, *Amica*, *Max*), ma anche all'attualità, alla cronaca e allo spettacolo (*Donna italiana moderna*).
Molte sono anche le riviste dedicate al pubblico giovanile, soprattutto alle ragazzine, e che trattano temi legati al mondo dell'adolescenza e argomenti di interesse giovanile dalle ultime tendenze della moda giovane alla musica. (*Cioè*, *20 anni*, *Cento Cose*).

Numerosissime sono le pubblicazioni settimanali e mensili dedicate ad argomenti specifici. Le più diffuse sono quelle che si occupano di: salute, cucina, sport, viaggi e computer.

lo sport

Il calcio ...

Parlare di sport in Italia significa parlare di calcio. Se fino a non
molti anni fa era uno sport seguito e praticato soprattutto dagli
uomini di ogni età, oggi sempre più donne seguono il calcio e
vanno allo stadio a vedere le partite. Diventare un calciatore
famoso è ancora il sogno di molti ragazzini che giocano nei cortili
di casa o nei campetti di calcio sparsi in ogni città. I calciatori
sono diventati dei veri e propri <u>divi</u> come i personaggi del mondo
della canzone, del cinema, della televisione.

Il calcio italiano è diviso in quattro categorie: la serie A, B, C1 e C2, formate da squadre di <u>calciatori professionisti</u>.
E poi, ci sono le categorie dei <u>dilettanti</u>. La stagione calcistica delle serie A e B, il campionato, inizia a settembre
e termina a giugno. La squadra vincente conquista lo <u>scudetto</u>.

La *Gazzetta dello Sport* è il quotidiano
sportivo più venduto in Italia

Quasi ogni città (ma anche i piccoli paesi di provincia) ha una squadra di calcio. Le squadre più importanti del
campionato di serie A e B sono: a Milano l'Inter e il Milan, a Torino la Juventus e il Torino, a Roma la Lazio e la
Roma, la Fiorentina a Firenze, il Parma, la Sampdoria e il Genoa a Genova, il Napoli, ecc.
Accanto alle <u>squadre di club</u> l'Italia ha la propria nazionale di calcio. La squadra azzurra (dal colore della maglia)
ha vinto tre campionati del mondo, nel 1934, nel 1938 e nel 1982.
Come in molti altri paesi del mondo anche in Italia il calcio è uno sport molto ricco. I giocatori delle squadre di
serie A sono pagati cifre altissime e le società sportive pagano molti miliardi per comprare i giocatori migliori.
Le società calcistiche sono delle vere e proprie Società per Azioni, alcune quotate in borsa e sono spesso di
proprietà di grandi gruppi industriali.

Segnare un goal / fare rete

Totocalcio

Fino a pochissimi anni fa il Totocalcio era il gioco preferito dagli italiani, oggi si preferisce il SuperEnalotto perché permette vincite in denaro molto più alte.

Per vincere al Totocalcio bisogna indovinare i risultati di tredici partite del campionato di serie A, B e serie minori. Non occorre indovinare il risultato esatto, occorre solo segnare la X se si prevede un pareggio (0-0, 1-1, 2-2, ecc.), oppure segnare il numero 1 se si pensa che la squadra che gioca in casa vincerà (è la squadra indicata per prima tra le due) o indicare il numero 2 se si pensa che vincerà la squadra che gioca in trasferta.

Il totocalcio si gioca in tabaccheria.

... gli altri sport

Il ciclismo ha in Italia una tradizione antica e prestigiosa ed è ancora uno degli sport più seguiti insieme al calcio. Il Giro d'Italia che si svolge ogni anno dal 1909 è, dopo il Tour de France, la gara ciclistica più famosa al mondo. Nel 1998 il corridore italiano Marco Pantani ha vinto sia il Tour de France che il Giro d'Italia.

Fausto Coppi e Gino Bartali i due più grandi campioni di ciclismo italiano del dopoguerra.

Anche le gare automobilistiche di Formula 1 sono molte seguite dagli sportivi italiani. Naturalmente le macchine da corsa più amate sono le Ferrari, chiamate anche "le Rosse". La casa automobilistica Ferrari ha sede a Maranello (MO) ed è stata fondata da Enzo Ferrari nel 1940. La Ferrari, fino al 1999, ha vinto più di 120 Gran Premi, 9 campionati mondiali costruttori e 9 campionati mondiali piloti. Nel 2000 ha vinto sia il titolo mondiale dei costruttori che quello dei piloti. In Italia si svolgono due Gran Premi, quello di San Marino che si corre nel circuito di Imola (BO) e quello di Monza, vicino a Milano.

Circuito di Monza

Ferrari

Tra gli sport di squadra sono molto seguiti, soprattutto dai giovani, la pallavolo, la pallacanestro e la pallanuoto. Anche per questi sport si svolgono campionati di ottimo livello anche internazionale. Le squadre italiane, tra cui anche le squadre nazionali di queste discipline sportive, hanno ottenuto vittorie molto importanti sia a livello europeo che mondiale.

L'Italia ha un'ottima tradizione anche nel gioco del rugby e dal 2000 la nazionale italiana partecipa al <u>torneo</u> delle "Cinque nazioni" con Francia, Galles, Scozia, Inghilterra e Irlanda.

Anche altri sport hanno dato all'Italia grossi campioni, importanti vittorie e <u>record</u> internazionali: per lo sci ricordiamo Gustavo Thoeni, Piero Gros, Alberto Tomba e Deborah Compagnoni, mentre nello sci di fondo ricordiamo Manuela Di Centa. Nelle gare di corsa dei 200 metri Livio Berruti e Pietro Mennea. Nel motociclismo, nelle sue varie specialità, Giacomo Agostini, Max Biaggi, Valentino Rossi, Loris Capirossi. Nel canottaggio i fratelli Giuseppe e Carmine Abbagnale.

I fratelli Abbagnale campioni olimpionici di canottaggio nel 1984 e 1988, Campioni del mondo nel '81, '82, '85, '87, '89, '90, '91.

Pietro Mennea.
Il suo record nei 200 (19'72")
è durato dal 1979

Non solo <u>tifosi</u>

Il calcio e il ciclismo non sono solo seguiti ma anche praticati. Spesso bambini e ragazzi si trovano dopo la scuola per giocare a calcio con gli amici. Molti sono anche gli uomini e le donne che praticano il ciclismo, non è difficile incontrare persone che, dopo il lavoro o nei giorni festivi, <u>inforcano</u> la bicicletta e pedalano per molti chilometri.
I giovani italiani fanno sicuramente più sport dei loro genitori. Dal dopoguerra in poi, anche se lentamente, per la mancanza di strutture e luoghi dove praticare i vari sport, le persone che fanno pratica sportiva sono in costante aumento.
Se, per esempio, lo sci e il tennis sono stati considerati fino agli anni '60 e '70 degli sport per ricchi, oggi sono praticati da un numero sempre maggiore di persone insieme alla pallacanestro, la pallavolo e il nuoto.
Oggi la cura del corpo e la forma fisica hanno molta più importanza che in passato quindi, accanto agli sport tradizionali, anche in Italia sono sempre di più le persone che dedicano tempo a fare jogging (la corsa a piedi) e che praticano i vari tipi di ginnastica nelle palestre e a casa: dal body building (fitness, potenziamento muscolare) all'aerobica, dallo step ai vari tipi di danza funky, jazz, latino-americana, ecc.

Hai voluto la bicicletta? Adesso pedala!!!

Proverbi e modi di dire

Si dice spesso questa frase a qualcuno che ha scelto di sua volontà, spesso anche senza ascoltare i consigli degli amici, di fare una cosa molto difficile e faticosa.

la rete stradale e i trasporti

a rete stradale italiana si estende per un totale di circa 305.000 km, di questi 6.300 km sono di autostrade, nentre 45.000 km sono di <u>strade statali</u>.

Molte strade italiane sono state tracciate dai romani, sono le famose vie consolari, fatte costruire dai consoli (capi politici dell'antica Roma) di cui alcune portano ancora il nome. Tra queste ricordiamo, la Via Flaminia, la Via Aurelia, la Via Appia, la Via Flavia e la Via Emilia.

Il proverbio:

"Tutte le strade portano a Roma".

Forse non è vero che tutte le strade italiane portano a Roma, ma si usa questo proverbio per affermare che esiste sempre una strada, anche lunga e difficile, che ci permette di raggiungere quello che vogliamo.

le autostrade

n Italia le autostrade sono a pagamento. Il prezzo del <u>pedaggio</u> è in proporzione alla distanza che si percorre. segnali stradali che indicano le autostrade sono sempre di colore verde e indicano il numero e la destinazione principale. L'entrata dell'autostrada si chiama <u>casello</u> dove si ritira un <u>biglietto</u> che indica il luogo di entrata. Al casello di uscita si consegna il biglietto al cassiere che, in base alla distanza percorsa, stabilisce il pedaggio da pagare.

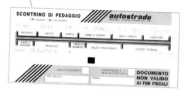

Lungo l'autostrada ci sono le <u>stazioni di servizio</u> dove è possibile fare il rifornimento di benzina e avere altri servizi di riparazione per le automobili. All'interno della stazione di servizio sono sempre presenti bar e spesso anche ristoranti, i servizi igienici e i telefoni pubblici. Il limite di velocità sulle autostrade è di 130 km orari. Le autostrade principali hanno di solito tre <u>corsie</u> di marcia: alla destra è la corsia per le macchine che vanno a bassa velocità, al centro è la corsia per i veicoli a velocità più alta e per il sorpasso mentre alla sinistra vi è la corsia usata solo per il sorpasso. Alla destra è presente anche una corsia di emergenza in cui non è possibile fermarsi e che viene usata in caso di grande traffico e incidenti dalla Polizia Stradale e dai mezzi di soccorso. A intervalli regolari sono presenti aree di sosta.

Le ferrovie

La rete ferroviaria si estende per 19.600 km. La società che gestisce le ferrovie è la **FS** (Ferrovie dello Stato).

I principali tipi di treni sono:

Eurostar: sono treni a lunga percorrenza e ad alta velocità che collegano le principali città italiane e europee. Il prezzo del biglietto è superiore a quello del biglietto normale. In alcuni giorni della settimana e durante le festività è obbligatorio prenotare il posto.

InterCity, EuroCity: collegano le principali città italiane e europee.

InteRegionali: treni normali, cioè senza supplemento che collegano le varie città della penisola.

Regionali: treni normali che collegano le diverse città all'interno di una sola regione.

Locali: treni, di solito a breve percorrenza, che effettuano molte fermate anche nei piccoli paesi. Questo tipo di treno è usato soprattutto dai pendolari, le persone che prendono il treno ogni giorno per andare a lavorare.

Le carrozze Vagoni Letto (WL) si trovano sui treni notturni: le cabine possono essere a 3, 2 e 1 posto.

Attenzione: prima di salire in treno dovete obliterare il vostro biglietto alle apposite macchinette gialle. Le trovate in ogni angolo delle stazioni.

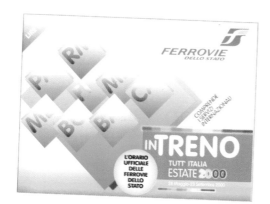

Gli autobus, i tram, la metropolitana, le corriere e i taxi

Gli autobus (sono chiamati filobus quelli che funzionano con l'elettricità) collegano le varie parti della città. Il prezzo del biglietto non è caro e di solito è possibile viaggiare per un'ora o più con un solo biglietto. A ogni fermata è possibile leggere un cartello dove è indicato il percorso e l'orario in cui passa l'autobus. I biglietti si possono comprare nelle tabaccherie e nelle edicole.

In alcune città ci sono anche i tram, sono simili a piccoli treni (viaggiano cioè sulle rotaie) a elettricità. Il servizio dei tram è uguale a quello degli autobus.

A Milano e a Roma è possibile viaggiare in metropolitana spesso con lo stesso biglietto di autobus e tram.
In Italia esistono due tipi di corriere (sono anche chiamate pullman). Ci sono corriere simili agli autobus che collegano però le città ai vari paesi della provincia. Il prezzo del biglietto cambia con la destinazione. Contrariamente ad altre nazioni, in Italia, questo tipo di corriera, in generale, collega solo le località dove non arriva il treno. Un altro tipo di corriera è quella "turistica" usata quasi unicamente per i lunghi viaggi turistici. Questi viaggi sono quasi sempre organizzati dalle agenzie turistiche.

I taxi sono abbastanza costosi. Non esiste un solo colore uguale per tutti i taxi, spesso cambia da città a città, ma spesso anche all'interno della stessa città. L'unico modo per riconoscerli è il cartello luminoso sul tetto della macchina. Gli italiani di solito non lasciano la mancia ai tassisti.

Il traffico aereo

La posizione dell'Italia è molto favorevole al traffico aereo e gli aeroporti internazionali della penisola sono, in molti casi, una tappa obbligata per il traffico con l'Europa Centrale, l'Africa e il Medio e Estremo Oriente. I principali aeroporti italiani sono quelli di Roma – Fiumicino, Milano – Malpensa. Ma ormai anche quasi tutte le grandi città hanno un aeroporto anche solo per il traffico all'interno del Paese. La compagnia di bandiera, cioe' quella principale, è l'Alitalia e collega il nostro paese a circa 66 paesi del mondo.

Il traffico via mare

Tutte le isole italiane sono collegate alla terraferma da navi e traghetti. La Sardegna è collegata, oltre che da numerosi aerei, anche da navi traghetto che partono dai porti di Genova, Livorno, Civitavecchia, Napoli. Durante l'estate il numero dei traghetti aumenta notevolmente per il grande numero di turisti, italiani e stranieri, che trascorrono le vacanze sull'isola. I traghetti per la Sicilia partono da Reggio Calabria e Villa San Giovanni e arrivano a Messina.

Proverbi e modi dire

Si sa quando si parte, ma non si sa quando si arriva!

Non si conosce esattamente l'origine di questo modo di dire, usatelo pure quando volete, purtroppo, a volte, è molto adatto per descrivere i viaggi sui mezzi pubblici italiani.

i servizi

La sicurezza

Il <u>corpo</u> dello stato che si occupa della sicurezza pubblica è la Polizia. Ma anche l'<u>arma</u> dei Carabinieri si occupa della protezione delle persone. I numeri telefonici di emergenza, da chiamare, ma solo quando c'è un pericolo reale, sono il 113 e il 112 (per i carabinieri), i numeri sono validi per tutta l'Italia.

In caso di incendio, o di altro <u>pericolo "tecnico"</u>, si chiamano i vigili del fuoco che sono anche chiamati pompieri. Il numero telefonico nazionale è il 115.

Il traffico sulle strade è controllato dai <u>vigili urbani</u> e dalla polizia stradale. Attenzione alla <u>multa</u>!

Per gli stranieri che vogliono vivere in Italia, e che non vengono da uno dei paesi della <u>Unione Europea</u>, è necessario richiedere alla <u>questura</u> il permesso di soggiorno, un documento che stabilisce i motivi per cui una persona vuole vivere nel nostro paese. Si può avere il permesso di soggiorno per motivi di studio, di lavoro, per ricongiungimento familiare (cioè per unirsi alla propria famiglia), per turismo ecc.

La salute

Il sistema nazionale della sanità è organizzato in ASL (Aziende Sanitarie Locali, organizzate a livello regionale). La salute delle persone è seguita dai medici di base che sono dottori pagati dallo Stato. Per questo servizio i cittadini non pagano nulla direttamente al medico, le spese per la salute sono infatti una parte delle tasse che tutti i cittadini pagano ogni anno allo Stato. Il medico di base ha la possibilità di richiedere per i suoi pazienti una visita specialistica. Per queste visite è previsto il pagamento di una somma di denaro, il ticket, che è diversa per ogni tipo di visita. Anche per le medicine bisogna pagare un ticket o pagarle interamente. Per le persone che hanno malattie gravi le medicine sono gratis.

Anche la degenza negli ospedali è gratuita per tutti, anche per gli stranieri che si trovano in Italia per qualunque motivo. Ogni ospedale ha un servizio di Pronto Soccorso dove si può andare se si ha un grave e urgente problema si salute e dove le autoambulanze portano tutti i malati che hanno bisogno di una cura immediata. Il numero telefonico nazionale per ogni emergenza sanitaria è il 118.

Esistono inoltre altre strutture sanitarie che si occupano di dipendenze gravi (alcolismo, droga, ecc.), dei problemi sanitari delle donne, della salute mentale, dei disabili e della prevenzione.

a.C. .... Avanti Cristo: prima della nascita di Cristo.

acquedotti .... Costruzioni per il trasporto dell'acqua.

affluenti .... Corsi d'acqua che non sfociano nel mare, ma in un altro fiume.

ambito .... Spazio o settore.

amministrativa .... Divisione che riguarda il governo di ogni regione.

analfabetismo .... Termine che deriva da analfabeta, persona che non sa leggere e scrivere.

anfiteatro .... L'anfiteatro è un grande teatro scoperto di forma circolare.

archeologici .... Da archeologia: scienza che studia l'antichità attraverso i resti che sono trovati negli scavi.

arma .... Parte, settore dell'esercito.

artigiani .... Persone che lavorano da sole, o con pochi dipendenti, e che usano strumenti e tecniche tradizionali.

attualità .... Fatti e notizie recenti.

benefiche .... Che fanno bene.

bollito .... Preparato solo con la cottura in acqua bollente (molto calda).

calciatori professionisti .... Giocare a calcio è il loro lavoro.

capoluogo .... Città più importante di una provincia o di una regione.

circuito .... Pista in cui si corre una gara automobilistica, motociclistica o ciclistica

colli .... Parte del territorio di poco più alta della terra che la circonda.

condimento .... Tutto quello che si aggiunge per rendere più buono un piatto: olio, aceto, sale, spezie, formaggio, ecc

contrada .... Quartiere, gruppo di case all'interno di una città o paese.

convivono .... Vivono insieme, vicini.

corpo .... Gruppo di persone che fanno lo stesso lavoro.

corsie .... Divisione di una strada o autostrada per mezzo di una striscia bianca o gialla.

costume locale .... Abitudini, modi di vivere di un luogo particolare.

criminalità .... Insieme di fatti, azioni che sono contro la legge.

cronaca .... Nei giornali di solito si chiamano notizie di cronaca tutte quelle notizie che non sono di carattere politico.

d.C. .... Dopo Cristo.

degenza .... Periodo di tempo che un malato passa in un ospedale.

digestivo .... Che serve per digerire. Spesso dopo il pranzo si può sentire lo stomaco pesante, cioè si fa fatica a digerire.

dilettanti .... Oltre a giocare a calcio fanno anche un altro lavoro.

dinastia .... Serie di re della stessa famiglia.

disoccupazione .... Mancanza di lavoro.

divi .... Personaggi molto popolari e amati dal pubblico.

edifici .... Parola usata per definire tutti i tipi di costruzione sia abitativa che pubblica.

emigrati .... Persone che hanno lasciato la terra d'origine per trovare lavoro in un'altra città o paese.

emittente .... Che trasmette a distanza.

ente .... Organizzazione.

etniche .... Che riguarda l'origine comune di un gruppo di persone che sono della stessa razza o hanno in comune la stessa lingua o la stessa cultura.

fantini .... Le persone che guidano i cavalli.

favorire .... Aiutare una persona al posto di un'altra.

fermata .... Luogo lungo la strada dove si ferma l'autobus.

feste in maschera .... In queste feste i bambini (ma non solo) amano vestirsi come i loro personaggi preferiti. Possono essere personaggi storici, oppure presi dalle favole, ma anche, e sempre più spesso, presi dai moderni cartoni animati o da personaggi del cinema e della televisione.

folclore .... Insieme delle tradizioni, degli stili di vita di un popolo. In questo contesto il termine è usato nel suo significato negativo che indica solo gli aspetti superficiali, visibili, più coloriti e rumorosi.

Fori .... Il foro nell'antica Roma è il luogo di riunione al centro della città. Si discutono qui i problemi politici e si trattano gli affari commerciali.

gioca in casa .... Gioca nella propria città.

gioca in trasferta .... Gioca nella città della squadra avversaria.

giunta .... Insieme di persone (consiglieri) che fanno parte di questo organo di governo.

golfo .... Parte di una costa sul mare che forma un arco rientrante.

illegali .... Che sono contro la legge.

immaturi .... Non maturi, cioè non ancora pronti per vivere da soli. Mentalmente e psicologicamente più giovani della loro età.

imponesse .... Imporre: comandare, obbligare qualcuno a fare una cosa anche contro la propria volontà.

inforcano .... Inforcare la bicicletta: salire in bicicletta.

laguna .... Tratto di mare poco profondo in parte separato dal mare aperto da una striscia di terra.

lingua colta .... La lingua della cultura.

locale .... Di un luogo o zona precisi (territorio, città, regione, ecc.).

longobardi .... Antico popolo della Germania.

Medici .... Nome dei signori che governano Firenze nel 1400.

mancia .... Denaro che si dà in aggiunta al normale prezzo che si paga per un servizio.

mantenere .... Dare a una persona tutto quello che serve per vivere.

marinara .... Del mare.

mentale .... Della mente. Servizio psichiatrico.

multa .... Somma di denaro da pagare quando non si rispettano le regole della strada.

musica leggera .... Sono chiamate così soprattutto le canzoni di ogni tipo e genere musicale.

norme igieniche .... Leggi che regolano il grado di igiene (pulizia) nella preparazione di un alimento.

obliterare .... Timbrare il biglietto con l'ora di partenza.

organi di partito .... Giornali che sono proprietà di partiti politici e che sostengono le idee di questi partiti.

pagane .... Si usa questo aggettivo per definire tutto ciò che non ha origine nella tradizione religiosa cattolica.

palio .... È il drappo (pezzo di stoffa) che viene consegnato al vincitore della gara.

pedaggio .... Somma di denaro che si paga per usare le autostrade.

pellegrini .... Persone che fanno un viaggio per visitare i luoghi sacri della propria religione.

Prealpi .... Piccole catene montuose che vanno dalla Liguria al Friuli.

prevenzione .... Dal verbo prevenire, cioè cercare di evitare. Con la prevenzione si cerca di studiare in anticipo i possibili problemi di salute per evitare che le persone si ammalino.

programmi di intrattenimento .... Programmi di musica e balletti, spettacoli comici, quiz e giochi.

Quaresima .... Si chiama così il periodo di quaranta giorni che viene prima della Pasqua. Nella tradizione cristiana il periodo della Quaresima è dedicato a uno stile di vita più semplice e alla preghiera in attesa della Pasqua.

questura .... Ufficio provinciale della Polizia di Stato.

record .... Il risultato migliore raggiunto in uno sport.

Rinascimento .... Movimento culturale nato in Italia nel XV secolo e poi diffuso in tutta Europa.

rotaie .... Le lunghe sbarre di ferro sopra cui corrono i treni e i tram.

santo patrono .... Santo che protegge la città.

scavi .... Da scavare: fare un buco nella terra.

scomparendo .... Scomparire: si dice di qualcuno o qualcosa che non si vede più.

seppellito .... Da seppellire: mettere qualcosa sotto terra.

signoria .... Forma di governo dell'Italia del nord e del centro nei secoli XIII e XIV

sindacati .... Organizzazioni di lavoratori che si riuniscono in gruppi per difendere e migliorare le loro condizioni di lavoro.

squadre di club .... Sono chiamate così le squadre delle varie città, le società di calcio: l'Inter, la Juventus, la Roma, ecc.

scudetto .... Distintivo con i colori della bandiera nazionale che i giocatori della squadra che ha vinto lo scudetto portano sulle maglie.

statuto .... Insieme di leggi.

strade statali .... Le strade principali della penisola. Sono raccolte in un elenco e ognuna ha un numero.

tasse .... Denaro che ogni anno gli italiani pagano allo Stato per i servizi pubblici (scuole, ospedali, ecc.). Ogni cittadino paga una somma di denaro che si calcola su quanto ogni persona guadagna.

telegiornali .... I programmi di notizie che sono trasmessi a ore fisse durante la giornata.

terme .... Costruzioni pubbliche per i bagni, ma dove si trovano anche biblioteche, palestre e sale per riunioni.

testate .... La testata è la parte superiore del giornale che comprende il titolo. In questo caso è usata come sinonimo di "giornale".

tifosi .... I tifosi sono le persone che seguono con grande passione ed entusiasmo la loro squadra preferita o il loro personaggio sportivo più amato.

torneo .... Serie di gare a eliminazione per squadre o singoli.

traghetto .... Navi che trasportano anche le automobili.

tronchi .... Tronco: la parte più grossa dell'albero.

vetta .... Il punto più alto di una montagna.

vicende storiche .... Avvenimenti, fatti storici.

vicoli .... Strade molto strette.

vigilia .... Il giorno che viene prima di una festa religiosa.

voyeurismo .... Fenomeno per cui il guardare significa unicamente osservare donne nude e rapporti sessuali degli altri.

Chiavi di fonologia del Libro di casa - unità 1

1 Ascolta le parole e scrivile nella colonna corretta.

Chiavi: 1 /i/ sì, vini; 2 /e/ te, nel; 3 /ɛ/ beh, tè, bel; 4 /a/ ma, pappa; 5 /ɔ/ no, Po, do;
6 /o/ sotto, non; 7 /u/ su, tu.

3 Ascolta le parole dell'attività precedente…

Chiavi: 1 piacere; 2 argentina; 3 scusa; 4 giapponese; 5 università; 6 turismo; 7 passeggeri;
8 Giacomo; 9 città; 10 telefono.

Chiavi di fonologia del Libro di casa - unità 2

2 Ascolta le parole e scrivile…

Chiavi: /p/ rapido; pulire; compiti; capo. /b/ basta; bambino; ambiente; biblioteca; erba.

4 Ascolta le frasi e fa' attenzione all'intonazione…

Chiavi: b !; c ?; d ?; e !; f !; g ?; h !; i !; l ?

Chiavi di fonologia del Libro di casa - unità 3

1 Ascolta le parole e scrivile nella colonna corretta.

Chiavi: /k/ ascoltare, banca, chiamare, scusa;   /g/ lingua, spaghetti, singolare, dialoghi;
/tʃ/ difficile, ciao, ufficio;   /dʒ/ gelato, pagina, Gianni, Giuseppe.

3 Caccia all'errore. In ognuna di queste frasi c'è un errore, prova a individuarlo.

Chiavi: chiami; dialogo; ufficio; cameriere; giornale.

Chiavi di fonologia del Libro di casa - unità 4

1 Ascolta le parole e scrivile nella colonna corretta.

Chiavi: in inverno; impiegato; impronunciabile; un giornale; importante; un negozio; un mese;
un momento; un attrice.

Chiavi di fonologia del Libro di casa - unità 5

1 Leggi le parole. Nelle frasi che ascolterai sono contenute queste parole. Scrivi il numero della frase in cui è pronunciata ogni parola.

Chiavi: 1 sei un ragazzo d'oro! 2 vado al lavoro in moto; 3 questo è un dato importante;
4 non mi piace il segno del Toro! 5 non mi piace in questo modo; 6 è un grande autore;
7 c'è un buon odore! 8 mi piace giocare a dadi.

Chiavi di fonologia del Libro di casa - unità 6

Ascolta le parole e scrivile nella colonna corretta.

Trascrizioni e chiavi: 2 lingua; 3 barca; 4 isola; 5 prego; 6 verde; 7 alfabeto; 8 turno; 9 scarpa; 10 calcio.

3 Ascolta le frasi e prova a sottolineare le parole che sono messe in risalto.

Chiavi: 2 quelli sono i <u>loro</u> amici! 3 <u>quelli</u> sono i miei! 4 <u>questi</u> sono i vostri! 5 Lei è <u>la cugina</u> di Teresa! 6 Pietro è <u>proprio</u> antipatico!

Chiavi di fonologia del Libro di casa - unità 7

Ascolta le parole e scrivile nella colonna corretta.

Chiavi: 2 gnocchi; 3 asciutto; 4 ragno; 5 lasciare; 6 disegni; 7 svegliare; 8 sciarpa; 9 assomigliare; 10 insegnare; 11 moglie; 12 sci.

Ora fa' attenzione a come questi suoni si scrivono…

Chiavi:

Suono /ɲ/			Suono /ʎ/			Suono /ʃ/		
gn +	u	= /ɲu/	sc +	i + u	= /ʎu/	sc +	i + u	= /ʃu/
gn +	<u>o</u>	= /ɲo/	sc +	i + o	= /ʎo/	sc +	<u>i + o</u>	= /ʃo/
gn +	a	= /ɲa/	sc +	<u>i + a</u>	= /ʎa/	sc +	<u>i + a</u>	= /ʃa/
gn +	<u>e</u>	= /ɲe/	sc +	<u>i + e</u>	= /ʎe/	sc +	e	= /ʃe/
gn +	i	= /ɲi/	sc +	<u>i</u>	= /ʎi/	sc +	<u>i</u>	= /ʃi/

Ascolta le parole e scrivile nella colonna corretta.

Chiavi: accentate sull'ultima sillaba: università; però; papà.
Accentate sulla penultima: doccia; svegliare; francobollo; finestra.
Accentate sulla terzultima: edicola; fabbrica; codice; addormentarsi.

Chiavi di fonologia del Libro di casa - unità 8

Ascolta e scrivi le parole nella colonna corretta.

Parole: riva; curva; befana; inferno; isola; Africa; inverno; lista.

Ascolta e sottolinea…

Chiavi: spesa; risotto; chiese; pausa; basilica; mese; gelosia; deserto.

Chiavi di fonologia del Libro di casa - unità 9

1 Ascolta le parole e fa' un segno nella colonna corretta.

Chiavi: **2** /ts/; **3** /dz/; **4** /dz/; **5** /ts/; **6** /ts/; **7** /dz/; **8** /ts/.

2 Ascolta di nuovo le parole dell'attività precedente e scrivile nella colonna corretta.

Chiavi: grazie; zoo; romanzo; esercizio; azione; zip; poliziotto.

Chiavi di fonologia del Libro di casa - unità 10

2 Ascolta queste coppie di parole. Ti sembrano uguali o diverse? Fa' un segno nella colonna corretta.

Chiavi: uguali: b; e; f; h. Diverse: a; c; d; g.

4 Scrivi le parole dell'attività precedente.

Chiavi: a) voi, vuoi; b) poi, poi; c) mie, miei; d) suoi, sui.
e) vuoi, vuoi; f) tuo, tuoi; g) puoi, può; h) suo, suo.

Chiavi di fonologia del Libro di casa - unità 11

1 Ascolta le parole e scrivile nella colonna corretta.

Chiavi: pelli; invano; dammi; pera; canne; del; verrò; dame; venne; raro; meli; coma;
cane; vanno; arrivato.

4 Ora trova le parole dell'esercizio precedente...

Chiavi: ORIZZONTALI sogno; domani; pollo; amori; aria; terra.
VERTICALI sommato; ore; aprire; annoiare.

Chiavi di fonologia del Libro di casa - unità 12

1 Scrivi le parole nella colonna corretta.

Chiavi: differenza; casa; avvocato; cassetta; avvenire; messe; affatto; invocato; infatti; avvitare; cassa
difetti; mese; invitare; vicino; casetta; effetti; influenza.

Chiavi di fonologia del Libro di casa - unità 13

1 Scrivi le parole nella colonna corretta.

Chiavi: capire; nuotare; cipolla; debole; sappia; lettura; abbiano; piatto; disabile; apprezzare; arrivato; cambio; soffitta; giapponese; lampadario; abbracciare; cantato.

Chiavi di fonologia del Libro di casa - unità 14

1 Scrivi le parole nella colonna corrispondente.

Chiavi: /k/ antiquario; schifo; liriche. /g/ prego; spaghetti; sigaro. /d/ indossare; desiderio; caldo; /kk/ pacchetto; acqua; zucchero. /gg/ agguerrito; aggressivo. /dd/soddisfazione; addormentato; freddoloso.

Chiavi di fonologia del Libro di casa - unità 15

1 Giochiamo un po'.

Chiavi: ORIZZONTALI		VERTICALI	
2	disegna	1	qua
5	bagnato	3	iscrizione
8	scia	4	abbigliamento
9	chiavi	6	noi
13	cui	7	trattoria
14	agli	10	ha
16	indirizzo	11	al
17	carro	12	vi
18	quel	15	gocce
19	pesce	20	che
21	peggio		

Guida al CD audio

Unità 1
- Ascoltare: Traccia 1-2
- Fonologia: Traccia 3-4

Unità 2
- Ascoltare: Traccia 5-6
- Fonologia: Traccia 7-8-9

Unità 3
- Ascoltare: Traccia 10
- Fonologia: Traccia 11

Unità 4
- Ascoltare: Traccia 12
- Fonologia: Traccia 13
- Civiltà: Traccia 14

Unità 5
- Ascoltare: Traccia 15-16
- Fonologia: Traccia 17-18

Unità 6
- Ascoltare: Traccia 19
- Fonologia: Traccia 20-21-22

Unità 7
- Ascoltare: Traccia 23
- Fonologia: Traccia 24-25

Unità 8
- Ascoltare: Traccia 26-27-28
- Fonologia: Traccia 29-30

Unità 9
- Ascoltare: Traccia 31
- Fonologia: Traccia 32-33-34

Unità 10
- Ascoltare: Traccia 35
- Fonologia: Traccia 36-37-38-39-40

Unità 11
- Ascoltare: Traccia 41
- Fonologia: Traccia 42-43

Unità 12
- Ascoltare: Traccia 44
- Fonologia: Traccia 45

Unità 13
- Ascoltare: Traccia 46
- Fonologia: Traccia 47-48
- Civiltà: Traccia 49

Unità 14
- Ascoltare: Traccia 50
- Fonologia: Traccia 51-52

Unità 15
- Ascoltare: Traccia 53
- Fonologia: Traccia 54

Disc Time - Durata: 73:08:72
Disc Type - CD audio digitale

Guida all'audiocassetta

lato A: Unità 1-2-3-4-5-6-7-8
lato B: Unità 9-10-11-12-13-14-15

Finito di stampare nel mese di luglio 2007
da Guerra guru s.r.l. - Via A. Manna, 25 - 06132 Perugia
Tel. +39 075 5289090 - Fax +39 075 5288244
E-mail: info@guerra-edizioni.com